旬菜を楽しむ

カリ〜ビトの

辞典 アチャール カリ&

夏・秋版

JN119102

はじめに

東京の飯田橋でカレー屋を始めて8年、最近やっと自分でも自分のことをカレーの人と堂々と言えるようになりました。

10年前、とあるカレーのイベントに参加したことがこの世界に足を踏み入れたきっかけでした。そのイベントの内容は今でもはっきり覚えていて、私がそれまで持っていたカレーの概念を根底から覆すものでした…といっても私は当時、日本のルウカレー以外のカレーのことは何も知らなかったので、あのイベントで初めて広大なカレーの世界に触れたといった方が正しそうです。あの日は私の人生の転機となり、以来私は何かに取り憑かれたかのようにカレーの食べ歩きに奔走します。

あの頃はまだ、今みたいにスマホでスパイスカレーと検索すればそれでカレー屋さんに関するあらゆる情報が得られる時代ではなかったので、私は書籍や、ネット上のグルメサイトやブログで地道に情報収集をしました。当時の私を知っている人は「よく飽きないね」と隣で思っていたでしょうが、むしろ逆で私は食べれば食べる程カレーに魅了されていきました。その時私はサラリーマンで営業の仕事だったので、外食しやすかったんですね。また出張もあったので、それを良いことにどこにいても本当にカレーばかり食べていました。

そしてカレーを食べ続けるうちに「自分のカレーの理想像」が出来上がってしまった私は、ついにイベントで自分のカレーを披露することまで始めてしまい、その次は会社を辞めて間借りカレー、最後には実店舗を持ち今に至ります。

そんな私のお店では定番でキーマカリ〜他2種類のカレーと、週替りの限定カリ〜をお出ししています。気づけば8年間で200を超える限定カリ〜を作っていました。今回はその中から季節感のあるものを抜粋し、辞典形式のレシピ本にまとめました。本書は夏・秋版で夏と秋に美味しい野菜を五十音順に並べてあります。食材からレシピを引けるのって便利じゃないですか？

最後にカレーとカリ〜についてです。当初はちょっとした意気込みで自分が作るカレーをカリ〜と呼んでいて、その流れでお店のメニューも〇〇カリ〜としました。なので料理としてはカレー、料理名としてはカリ〜です。お店の名前も curry & spice bar 咖喱人で、漢字の部分はカリ〜ビトと読みます。初めましての方もお馴染みの方も、この本でカリ〜ビトの、旬を活かした自由なカリ〜作りを楽しんでいただければと思っています。

本書の使い方

　本書はおおまかに3つの内容で構成されています。1つ目は「使用するスパイス・食材の紹介と火加減の説明」のページ、2つ目は「野菜とレシピ」のページ、3つ目は「付録」のページです。1つ目の使用するスパイス・食材の紹介は本文中にはなく、このページ最後に挿入してあるQRコード先にございます。スマホで読み取っていただければ簡単に表示できます。スパイスの説明などは他のどの本でも詳細な説明がされていますので、もうわざわざここで読まなくてもいいという方も多くいらっしゃると思います。ですので、限られた紙面を他でいくらでも目にできる情報にあてるよりは、本書ならではの情報に紙面を割きたいという考えからの試みです。このページは、「野菜とレシピ」のページを見ながら知らないスパイスや食材が出てきたときに立ち戻って活用していただければと思います。

　さて本書を活用していただくにあたっては、いきなり「野菜とレシピ」のページからではなく、実は「付録」のページからお読みいただくのがおすすめです。「付録」にはQ&Aなど本書を活用するためのノリやコツがまとめてあります。簡単に読めますので、ぜひ最初にお読み下さい。

　「野菜とレシピ」のページに関しては、普通のレシピ本と同じようにパラパラとめくって作りたいものを探すことも可能ですが、本書は夏と秋が旬の野菜を五十音順に並べてあるので、野菜からレシピを引くことが可能です。例えば今日はなすが安かったとしたら、なすのページをめくればなすのレシピがご覧いただけるわけですね。レシピはそれぞれの野菜で、カレーレシピとアチャールレシピを一つずつ掲載しています。また、レシピと一緒に野菜の下ごしらえの方法と保存方法も説明してありますので、日々の生活にお役立て下さい。

　それと最後に2つ、本書のテーマの一つであるアチャールと、マトンを使ったカレーレシピに関してです。アチャールについてはまだ馴染みの薄い方もいらっしゃると思うので次のページで楽しみ方を詳しく紹介しています。マトンを使ったカレーレシピに関しては、上級者向けの内容として「付録」のページにて、本書のレシピをマトンカリ〜アレンジする方法を紹介していますので、合わせてお読み下さい！

▷使用するスパイス・食材の紹介と火加減の説明はこちらから

アチャールの楽しみ方

このページでは「アチャールは馴染みがないのでどうやって楽しんだらいいか分からない」という方向けに、カリ〜ビトで提案しているアチャールの2つの楽しみ方を紹介します。

その前にまず簡単にアチャールについて。アチャールとはインドやネパールを中心に南アジアで広く食べられている漬物の一種です。材料をサッと混ぜ合わせたフレッシュなものから、加熱して炒め煮にするもの、発酵を促して熟成させるものなど様々な種類のアチャールがあります。カリ〜ビトではそれらの中から主にフレッシュなものと炒め煮にするものを作っています。スパイスや唐辛子、風味のある油を多用するので一見するとクセが強い料理と感じるかもしれませんが、カリ〜ビトではそこは日本人の味覚に合わせて辛味を中心にレシピを調整しています。使用する食材そのものが苦手でなければ、多くの方に楽しんでいただける仕上がりになっています。

その1　カレーの副菜として

この場合の楽しみ方はルウカレーに添える福神漬けやらっきょ漬けと全く同じように楽しんでいただけます。食事の途中で単体で食べ、途中からカレーと混ぜて食べる事で味の変化が出て最後まで飽

きずに食べられます。そしてアチャールと福神漬け・らっきょ漬けの違うところは、（抵抗がなければ）アチャールは漬け汁も残さず食べられるところです。食材の旨みがギュッと凝縮されてるので、しっかり味がして美味しいんです。最後にもう一口だけおかわりしたいというときなんかも、このアチャールの漬け汁をちょっと垂らすと良いシメになりますよ。

その2　お酒のアテとして

カリ〜ビトは夜はスパイスバルとしても営業しているのですが、昼のランチ営業よりも夜のバル営業時の方がアチャールは人気が出ます。アチャールのスパイシーさ、辛味、酸味、塩味はおつまみとしても最高なんですね。カリ〜ビトのアチャールはそのまま食べても味が濃過ぎないようにしていて、何よりも味と香り、辛味のバランスを大事に作っていますので、ビール、ハイボール、ワイン、焼酎とどのようなお酒にも合わせることができます。ただアチャールとお酒の相性が良すぎて飲みすぎてしまうことには十分ご注意下さい！

アチャールはフレッシュなものはできたてが美味しいのですが、炒め煮にするものは保存も効くので、この辞典を参考に冷蔵庫の野菜を使って手軽におつまみや常備菜としてアチャールを楽しんでいただけたら嬉しいです。

もくじ

野菜とレシピ

付録

【枝豆】

旬

5〜10月。品種によっても異なりますが、どの品種も旬は短く1ヶ月程度。

下ごしらえ

①枝豆はまず枝から一つずつ切り離し、水で一度きれいに洗います。②1%の塩分濃度の熱湯で3分茹でます。③茹でたら冷水にとって冷まし、莢から取り出して粒の状態にします。

保存方法

〇生のもの｜新聞紙に包んで3日程度冷蔵保存が可能です。色つや、香りは採れたてが一番良いです。

〇塩茹でしたもの｜水気をしっかり切って保存容器に入れて冷蔵庫で3日ほど保存できます。色つや、香りは茹でた日が一番良いです。保存容器で冷凍保存もできるので、3日以内に消費できない場合は早めに冷凍すると良いでしょう。

カリ〜雑学

意外かもしれませんが、枝豆と大豆は同じものです。大豆として収穫するためのものを若いうちに収穫して、食用にするものを枝豆といいます。茶豆や黒豆といった名称の枝豆を市場で見つけることもありますが、それらは枝豆の品種の名前です。

枝豆はもともと中国や日本あたりの東アジアが原産だからか、中華風の味付けにすると相性が良いです。そんなわけでカリ〜ビトでは限定カリ〜「中華風の鶏キーマカリ〜」としてお出ししました！ここでは家庭で作りやすいように少しアレンジしたレシピを紹介いたします！

◁中華風枝豆チキンキーマカリ〜

◁枝豆アチャール

カリ〜ビトのカリ〜＆アチャール辞典

中華風枝豆チキンキーマカリ〜

材料 |

鶏挽き肉　300g ◎下ごしらえした枝豆　60g ◎木綿豆腐 1/2 丁 食べやすい大きさに切る◎玉ねぎ　100g　スライス◎ニンニク / 生姜　5g/5g　みじん切り◎ピーマン　1 個　1cm 角切り◎トマト缶　80g ◎水　250cc ◎塩　小さじ 1/2 〜◎ごま油　大さじ 1 ◎鷹の爪　5 本◎豆板醤　大さじ 1

A. ターメリック　小さじ 1/2 ◎チリパウダー　小さじ 2/3 ◎コリアンダーパウダー　小さじ 2/3 ◎ホワイトペッパーパウダー　小さじ 1/4 ◎五香粉（あれば）小さじ 1/2

手順 |

①ごま油と鷹の爪をフライパンに入れて中火にかけ、鷹の爪が黒く色づくまで熱する。②玉ねぎを入れてきつね色に炒め、ニンニク / 生姜とピーマンを加えて 10 秒炒める。③豆板醤とトマト缶を加えて 20 秒炒め、A. を加えて 30 秒炒める。④挽き肉を加えて完全に火が入るまで炒め、水を加えて沸かす。⑤枝豆と木綿豆腐を加えて再度沸かして 3 分煮て、塩を加えてよく混ぜて完成。* 食べるときにお好みで刻んだパクチーをトッピングして下さい !*17p. の手作りラー油とも相性が良いです。

枝豆のアチャール

食べ頃 | できたて

保存 | 保存容器に入れて冷蔵庫で 2 〜 3 日

材料 |

枝豆　茹でて莢から取り出したもの 150g ◎玉ねぎ　20g　スライス◎グリーンチリ　1/2 本　小口切り◎生姜　千切り　500 円玉 3 枚分◎ターメリック　小さじ 1/6 ◎チリパウダー　小さじ 1/2 ◎クミンパウダー　小さじ 1/4 ◎レモン果汁　大さじ 1 ◎塩　小さじ 1/2 〜◎マスタードオイル　小さじ 1 ◎サラダ油　小さじ 1

手順 |

①すべての材料をボウルに入れてしっかりと混ぜ合わせる。

【オクラ】

やすいです。家庭では冷凍食品のように一切れずつバラバラで凍らせることは難しいので、薄く均して冷凍しましょう。そうすることで使う時もいちいち溶かさずに、板状に凍ったオクラを端からパキッと折って、そのままカレーの煮込みに入れることができます。

旬|

7〜8月。

下ごしらえ|

①よく水で洗い、水気を拭き取ります。
②カレーに使う場合は、産毛の処理は必要ありません。ヘタもインドでは取らない場合がありますが、本書で紹介するレシピでは切って落とすようにします。
③ヘタを落として1cmくらいの厚さで輪切りにします。

保存方法|

○そのままの状態|水気を拭き取ってキッチンペーパーや新聞紙で包んで野菜室に入れます。収穫後は鮮度が落ちやすいのでなるべく早く食べるようにしましょう。
○輪切りにした状態|保存容器に入れて冷蔵庫で2日程度保存ができます。冷凍庫保存もできるので、たくさんあるときはまとめて輪切りにして、チャック付き保存袋に入れ薄く均して冷凍すると使い

カリ〜雑学|

オクラはインドでもよく食べられている野菜の一つで、地方によって様々な料理に活用されます。日本でもネバネバで人気ですし馴染みのある野菜なので、日本の野菜のように感じでしまいますが、実は原産はインドでも日本でもなく、アフリカとのこと。アフリカではトマトで煮て少しのスパイスを加えて食べるということで、私もそれに倣ってトマトたっぷりのカリ〜を作ってみました！

▽オクラとチキンのトマトカリ〜

▽オクラとゴマのアチャール

オクラとチキンのトマトカリ〜

材料 |

鶏もも肉　400g　一口大に切る◎オクラ　8本　ヘタを落として1cm幅で輪切りにする◎玉ねぎ　150g スライス◎ニンニク / 生姜　5g/10g　みじん切り◎トマト缶　160g◎水　250cc◎塩　小さじ2/3〜◎サラダ油　大さじ2/3◎クミンシード　小さじ1/2

A. ターメリック　小さじ1/2◎チリパウダー　小さじ1◎コリアンダーパウダー　小さじ1◎ガラムマサラ　小さじ1/2◎カスリメティ　大さじ1

手順 |

①サラダ油をフライパンに入れて中火にかけて40〜50秒熱し、クミンシードを入れて10秒パチパチと弾けさせながら炒める。②玉ねぎを加えてきつね色に炒め、ニンニク / 生姜を加えて10秒炒める。③鶏もも肉を加えて60秒炒め、トマト缶を加えて60秒炒める。④A.を加えて30秒炒め、水を加えて沸かし3分煮る。⑤オクラを加えて再度沸かして3分煮て、塩を加えてよく混ぜて完成。

オクラとごまのアチャール

食べ頃 | 半日寝かせて

保存 | 保存容器に入れて冷蔵庫で5日程度

材料 |

オクラ　20本　ヘタを切って1cm幅で輪切りにする◎すりごま (白)　大さじ8◎塩　小さじ2/3〜◎マスタードオイル　大さじ1◎レモン果汁　大さじ4◎ターメリック　小さじ1/4◎チリパウダー　小さじ1/4◎クミンパウダー　小さじ1/2◎山椒粉　小さじ1/2◎ヨーグルト　大さじ4

手順 |

①オクラを沸騰したお湯で1分茹でて、ざるでお湯を切って冷水で冷まし、水を切る。②全ての材料をボウルできれいに混ぜ合わせる。

【かぼちゃ】

旬|

夏に多く収穫されますが、品種によっては収穫してすぐに食べずに1〜3ヶ月寝かせて水分が少し抜けた頃が食べ頃になります。

下ごしらえ|

①かぼちゃの裏側のヘタの部分に四方から包丁の刃を差し込んで、ヘタを取り除きます。②ヘタをくり抜いた部分に包丁の刃をまっすぐ突き刺して包丁の刃を下まで下ろし、もう反対側も同じように切ります。これで半分に割れます。③スプーンで種とワタをくり抜き、かぼちゃの切った面を下に寝かせ、かぼちゃの真上から垂直に包丁を突き刺して、②と同じようにしてかぼちゃを切り分けます。④かぼちゃを3〜5cm角に切り分けます。

保存方法|

○丸のままのかぼちゃ|風通しの良い場所で常温で保存できます。かぼちゃはかぼちゃ同士など何かと密着しているとそこから腐っていくので、個数がある場合はそれぞれを新聞紙で包むなどして保存します。○半分に割ったかぼちゃ|使わない方は種を取らずに断面にラップをかけて冷蔵庫で保存します。1週間程度保存できます。○小さく切り分けられたかぼちゃ|保存容器に入れて冷蔵庫で5日程度保存ができます。

カリ〜雑学|

かぼちゃは日本料理でもよく使いますが、東南アジアや南アジアといったカレーが美味しい国々でもカレーの具材として人気です。ココナッツミルクや豆乳とも相性が良く、食べ頃を迎えた甘くほっこりしたかぼちゃで作るポタージュ風のカレーはぜひ皆さんに食べてただきたいカリ〜の一つです。それと意外かもしれませんが、かぼちゃはグリーンチリの辛さととても相性が良いです。かぼちゃのピックルには少々多めのグリーンチリが使われていますが、騙されたと思って一度は全部入れてみてください！

▽かぼちゃの豆乳カリ〜　▽かぼちゃピックル

カリ〜ビトのカリ〜＆アチャール辞典

かぼちゃの豆乳カリ～

材料|

鶏挽き肉　200g ◎かぼちゃ　300g 2～3cm 角切り◎生トマト　1個 1cm 角切り◎無調整豆乳 250cc ◎塩　小さじ 2/3～◎サラダ油 (あればココナッツオイル)　大さじ 1

A. クローブ　3粒◎カルダモン　3粒◎ベイリーフ　1枚

B. 玉ねぎ　80g みじん切り◎生姜　15g みじん切り◎グリーンチリ　1/2 本 小口切り

C. ターメリック　小さじ 1/2 ◎チリパウダー　小さじ 1/2 ◎クミンパウダー 小さじ 1/2 ◎コリアンダーパウダー　小さじ 1 ◎ブラックペッパーパウダー　小さじ 1/4

手順|

①サラダ油と A. をフライパンに入れて弱めの中火にかけ、ベイリーフが茶色く色づくまで 50～60 秒炒める。② B. を加えて 30 秒炒め、生トマトを加えて 30 秒炒める。③鶏挽き肉を加えて完全に火が入るまで炒め、C. を加えて 30 秒炒める。④豆乳を加えて沸かし、かぼちゃを加えて再度沸かす。⑤フタをして火を弱火にして 5 分煮て、塩を加えてよく混ぜて完成。

かぼちゃピックル

食べ頃| 冷めたら

保存| 保存容器に入れて冷蔵庫で 1 週間程度

材料|

かぼちゃ　250g　2cm 角切り◎ニンニク　8粒 そのまま◎グリーンチリ　8本　ヘタだけ切って落とす◎サラダ油 100cc ◎塩　小さじ 1 ◎お酢　50cc ◎パンチフォロン　小さじ 1 ◎ターメリック　小さじ 1/3 ◎チリパウダー 小さじ 1

手順|

①鍋にサラダ油とニンニクを入れて弱めの中火にかけ、ニンニクの表面がうっすらきつね色になるまで炒める。②グリーンチリを入れて 20 秒炒める。③パンチフォロン、ターメリック、チリパウダーを加えて 10 秒炒め、かぼちゃを加えて 2 分 30 秒炒める。④塩とお酢を加えてよく混ぜて火を止める。

【きくらげ】

旬｜

6〜9月。

下ごしらえ｜

○生のきくらげ｜石づきが根本に付いていることがあります。根本に硬い部があれば包丁やハサミで切り落とし、水で軽くゆすいで水気を切り、食べやすい大きさにカットします。カレーに使う場合は湯通しする必要はありませんが、一度湯通ししておくと香りが落ち着いて、カレーの仕上がりの風味も大人しくなります。

○乾燥きくらげ｜指定の時間水に浸けて戻し、食べやすい大きさにカットします。料理に使う前に一度軽く湯通ししておきます。

保存方法｜

○生のきくらげ｜水気を多く含むので、キッチンペーパーで包んで野菜室で保存します。水滴がついている状態で冷蔵庫に入れたり、袋に入れた状態で常温で放置するとすぐに傷んでしまったり、カビが生えたりしてしまいます。

○乾燥のきくらげ｜乾燥状態のまま、湿気のない場所で保存しましょう。

カリ〜雑学｜

中国料理でよく使われるきくらげは唐辛子や山椒、白胡椒などの中国系のスパイスや、豆板醤などの辛味噌と相性が良いです。豆板醤も種類がたくさんあって、辛味が穏やかなものから強いもの、唐辛子主体のものから山椒が香るものまで様々です。今はネットの通販で沢山の種類が選べますので、この夏はお好みの豆板醤探しをしてみると面白いかも知れませんね！また、どんな食材も無理にインドっぽいカレーにする必要はありませんので、本書のレシピを参考に、手元にある旬の食材を色んなアレンジで楽しんでいただけたらと思います！

◁きくらげと豆腐の中華風カリー

◁きくらげの山椒アチャール

きくらげと豆腐の中華風カリ〜

材料 |

豚挽き肉 200g ◎豆腐 1/2 丁 3cm 角切り◎生きくらげ 60g 一口大に切る (乾燥は 1/3cup を水に浸けて戻しておく) ◎玉ねぎ 80g スライス◎ニンニク / 生姜 5g/10g みじん切り◎グリーンチリ 1/2 本 小口切り◎トマト缶 100g ◎水 250cc ◎塩 小さじ 1/2 〜◎砂糖 小さじ 2/3◎山椒粉 (花椒粉) 大さじ 2/3◎ごま油 大さじ 1◎豆板醤 大さじ 1

A. 八角 1 粒◎シナモン 3cm × 1 本 ◎鷹の爪 5 本

B. ターメリック 小さじ 1/3◎チリパウダー 小さじ 2/3◎コリアンダーパウダー 小さじ 1◎クミンパウダー 小さじ 2/3◎ホワイトペッパーパウダー 小さじ 1/6

手順 |

①ごま油と A. をフライパンに入れて中火にかけて 40 秒熱して、香りを立てる。②玉ねぎを加えてきつね色に炒め、ニンニク / 生姜とグリーンチリを加えて 20 秒炒める。③豆板醤とトマト缶を加えて 20 秒炒め、B. を加えて 30 秒炒める。④豚挽き肉を加えて完全に火が入るまで炒め、水を加えて沸かす。⑤豆腐ときくらげを加えて再度沸かして 4 分煮て塩と砂糖、山椒粉を加えてよく混ぜて完成。

* 食べるときにお好みで刻んだパクチーをトッピングして下さい !*17p. の手作りラー油とも相性が良いです。

きくらげの山椒アチャール

食べ頃 | できたて

保存 | 保存容器に入れて冷蔵庫で 3 日程度

材料 |

生きくらげ 100g 細切り◎赤玉ねぎ 30g スライス◎山椒粉 小さじ 1/2◎手作りラー油 大さじ 2(レシピは 17p.)◎塩 小さじ 1/2

手順 |

①生きくらげもしくは水で戻したきくらげを沸騰したお湯で 30 秒茹でて、お湯を切る。②茹でたきくらげと赤玉ねぎ、山椒粉、手作りラー油、塩をボウルに入れてよく混ぜる。

【きのこ】

旬 |

9 〜 11 月。

下ごしらえ |

①山から直接採ってきたきのこは枯れ葉や土が付いているので水で洗います。スーパーで買ってくる栽培されたきのこは水で洗わずに石づきだけ包丁で切り落とします。

②次に食べやすい大きさにきのこを手でほぐしたら下ごしらえ完了です。

保存方法 |

○きのこは水分を多く含んでいるので、すぐに使わない場合は袋から出さずにそのまま冷蔵庫に入れましょう。袋に入れたまま常温で放置していると、蒸れて味も香りも悪くなってしまいます。

○山から採ってきたきのこは、水で洗ったら水気をしっかりと拭き取って、キッチンペーパーで包んだ上でポリ袋に入れて冷蔵庫に入れます。もしくは酢を少し入れたお湯で下茹でして、冷水で冷まして水気をしっかりと切って、保存容器に入れて冷蔵保存します。きのこの種類によりますが、3 日程度保存できます。

○使いきれなかったきのこも、ポリ袋に入れて冷蔵庫で保存します。そのまま冷蔵庫に入れると萎びて味も香りもなくなってしまいます。

カリ〜雑学 |

きのこは種類によって味や香りが全く異なり、それぞれ食べるのに適した料理があります。日本は夏から秋にかけて各地の山でたくさんの種類の野生のきのこが生えるので、きのこ採りに行かれる方も多いのではないでしょうか。いろいろなきのこを試していると、カレーやアチャールにするにはしめじや舞茸、ヒラタケ、えのきの仲間が相性が良いと思えました。皆さまもおすすめのきのこがあればぜひ教えてください！

◁ きのこのペッパービーフカリ〜

◁ しめじのアチャール

きのこのペッパービーフカリ～

材料 |

牛肉 300g 一口大に切る◎きのこ 200g
好きなきのこ 2 ～ 3 種類を石づきを落と
して手でほぐしておく◎玉ねぎ 100g
スライス◎ニンニク / 生姜 15g/5g み
じん切り◎トマト缶 80g◎水 250cc
◎塩 小さじ 2/3 ～◎サラダ油 (もしく
はバター) 大さじ 1◎オレガノ 小さ
じ 2/3

A. シナモン 3cm × 1 本◎カルダモン
3 粒◎クローブ 3 粒◎ベイリーフ 1
枚◎ブラックペッパー粒 小さじ 1/2

B. ターメリック 小さじ 1/2◎チリパ
ウダー 小さじ 1◎コリアンダーパウ
ダー 小さじ 1◎ブラックペッパーパウ
ダー 小さじ 2/3◎ガラムマサラ 小さ
じ 1/2

手順 |

①サラダ油 (バター) と A. をフライパ
ンに入れて中火にかけ、ベイリーフが茶
色く色づくまで 60 炒程度炒め、玉ねぎ
を入れてきつね色に炒める。②ニンニク
・生姜を加えて 10 秒炒め、トマト缶を
加えて 60 秒炒める。③牛肉ときのこを
加えて 90 秒炒め、B. を加えて 30 秒炒
める。④水を加えて沸かして、フタをし
て弱火にして 15 分煮る。⑤オレガノと
塩を加えてよく混ぜて完成。

しめじのアチャール

食べ頃 | 翌日

保存 | 保存容器に入れて冷蔵庫で 1 週間
程度

材料 |

しめじもしくはお好きなきのこ 300g
石づきを切って手でほぐしておく◎サラ
ダ油 大さじ 2◎ごま油 大さじ 2◎
お酢 大さじ 4

A. ブラウンマスタードシード 小さじ
1/3◎鷹の爪 3 本

B. ターメリック 小さじ 1/3◎チリパ
ウダー 小さじ 1/3◎ブラックペッパー
パウダー 小さじ 1/4◎塩 小さじ 2/3
～

手順 |

①フライパンにサラダ油とごま油と
A. を入れて弱めの中火にかけ、ブラウ
ンマスタードシードが弾けるまで炒め
る。②きのこを加えて 2 分混ぜながら炒
め、B. を加えて 10 秒炒める。③お酢を
加えてよく混ぜて、火を止める。

【グリーンチリ・レッドチリ】

旬｜

6〜8月。

下ごしらえ｜

収穫時は汚れが付いているので水で洗ってしっかり水気を拭き取って、ヘタを切り落としてから刻みます。素手で唐辛子を刻んでいると、唐辛子の辛さの度合いや体質によっては手が荒れてしまうので、ポリ手袋をしてから刻むようにしましょう。

保存方法｜

〇水気が付いているとヘタから傷みます。かと言ってヘタを落としても切り口からカビが生えたりするので、水で洗った後は水分を拭き取りキッチンペーパーで包んで、保存容器に入れて野菜室で保存します。

〇グリーンチリは常温でおいておくと熟れてレッドチリになります。唐辛子は一度にたくさん収穫できるので、使い切れないものは、グリーンチリかレッドチリのどちらか好きな状態で冷凍しましょう。冷凍したものは、使う数分前に冷凍庫から取り出して常温で置いておくとすぐに溶けます。

カリ〜雑学｜

中南米原産の唐辛子ですが、今やカレーではなくてはならないスパイスになっています。唐辛子といえば赤と緑のものがあり、インドでは生のグリーンチリが人気ですが、インドネシアでは生のレッドチリが人気など、国や料理によって唐辛子との付き合い方は様々です。ちなみに生のレッドチリを収穫後に乾燥させると鷹の爪になります。

◁グリーンチリペースト

◁手作りラー油

カリ〜ビトのカリ〜＆アチャール辞典

グリーンチリペースト

食べ頃 | できたて
保存 | 保存容器に入れて冷蔵庫で3日程度

材料 |
グリーンチリ（タイのピッキーヌが辛くて美味しいです）50g ◎玉ねぎ 15g ◎チリパウダー 小さじ1/6 ◎ブラックペッパーパウダー 小さじ1/6 ◎ガラムマサラ 小さじ1/6 ◎マスタードオイル 大さじ1 ◎サラダ油 大さじ1

手順 |
①全ての材料をブレンダーに入れてペーストにする。

用途 |
○スパイスカレーの辛味として。
少し加えると味が締まり、適量入れてカレーを好みの辛さに調整できます。
○焼いた肉や魚の薬味として。
からしやわさびのような感覚でもお使いいただけます。

手作りラー油

食べ頃 | 冷めたら
保存 | 煮沸した瓶などに入れて冷蔵庫で1ヶ月程度

材料 |
レッドチリ 100g ◎塩 5g ◎山椒粉 10g ◎サラダ油 30cc と 120cc

手順 |
①レッドチリをみじん切りにする。細かく刻めればフードプロセッサーなど何を使ってもいいです。②フライパンに30ccのサラダ油と①のレッドチリ、塩、山椒粉を入れて中火にかける。③レッドチリから香りが立ち始めたら混ぜながら60秒炒める。空気が辛くなるので注意。④火を止めてサラダ油120ccを加えてよく混ぜ、自然に冷ます。

用途 |
○中華風カレーの辛味として。
中華風のカレーにはグリーンチリペーストよりもこちらの方が相性が良いです。
○ラー油が活躍するあらゆるシーンに。
家族で餃子を食べるときなど日常生活でちょっとラー油が欲しい。そんなときに役立ちます。＼餃子以外いつやねん！／

【ゴーヤー】

旬｜
6〜8月。

下ごしらえ｜
○水でしっかり洗って水気を拭き取り、両端を切り落として縦に半分に割り、種とワタを取り除いて3〜5mmの厚さにスライスします。カレーに使う前に、さっと下茹でしたり、素揚げをすると苦味が落ち着いて食べやすくなります。
○インドでは両端だけ切り落として輪切りにし、種とワタごと素揚げして使います。

保存方法｜
○水で汚れを洗い流したら、水気を拭き取って新聞紙で包みます。風通しの良い場所であれば熟れて色が黄色くなってくるまでの間、数日間常温で保存もできます。
○ゴーヤーは収穫後も熟していきます。常温で涼しい場所に置いていても、徐々に黄色くなり柔らかくなっていくので、

既に熟れた状態のゴーヤーはラップに包んで冷蔵庫に入れましょう。
○切ってしまったゴーヤーは、さっと下茹でして冷水にとって冷まして水気を切り、保存容器に入れて冷蔵庫で2日、冷凍庫で1ヶ月程度保存できます。

カリ〜雑学｜
ゴーヤーは沖縄野菜のイメージが強いですが、実はインドやバングラデシュでもよく食べられている野菜の一つで、カレーに使うスパイスととても相性が良い野菜です。下ごしらえしたものを素揚げしてキーマカレーに入れるのが現地で人気の食べ方の一つですが、輪切りにしただけのゴーヤーに少しのターメリック、チリパウダーをまぶしてカリッと素揚げして塩を振るとチップス感覚で食べれるお手軽なおつまみにもなりますよ！

△ゴーヤーキーマカリー

△ゴーヤーピックル

ゴーヤーキーマカリ～

材料|

鶏挽き肉 400g ◎ゴーヤー 150g 種とワタを捨ててスライス◎玉ねぎ 100g スライス◎ニンニク/生姜 10g/15g みじん切り◎グリーンチリ 1/2本 小口切り◎トマト缶 100g ◎水 200cc ◎塩 小さじ 2/3 ～◎サラダ油 大さじ 2/3

A. ターメリック 小さじ 2/3 ◎チリパウダー 小さじ 1 ◎コリアンダーパウダー 小さじ 2/3 ◎ガラムマサラ 小さじ 2/3 ◎カスリメティ 大さじ 1

手順|

①ゴーヤーを 180 度の油で 90 秒素揚げして油から引き上げる。②フライパンにサラダ油を入れて中火にかけて 20 秒熱し、玉ねぎを加えてきつね色に炒め、ニンニク/生姜とグリーンチリを加えて 10 秒炒める。③鶏挽き肉を加えて完全に火が入るまで炒め、トマト缶を加えて 30 秒炒める。⑤ A. を加えて 30 秒炒め、水を加えて沸かす。⑥ 2 分混ぜながら煮て、ゴーヤーと塩を加えて 30 秒混ぜながら煮て完成。

ゴーヤーピックル

食べ頃|翌日から

保存|保存容器に入れて冷蔵庫で 1 週間程度

材料|

ゴーヤー 1 本（200g 程度）種を取ってみじん切りにする◎お酢 大さじ 2 ◎サラダ油 大さじ 3 ◎ブラウンマスタードシード 小さじ 1

A. チリパウダー 大さじ 1/2 ◎フェヌグリークパウダー 小さじ 2/3 ◎ヒング 小さじ 1/6 ◎ターメリック 小さじ 1/3

B. 塩 小さじ 2/3 ～◎砂糖 小さじ 1

手順|

①サラダ油とブラウンマスタードシードをフライパンに入れて中火にかけ、マスタードシードを弾けさせる。②ゴーヤーを加えて 90 秒炒める。③ A. を加えて 10 秒炒め、B. を加えて全体をざっくり混ぜる。④お酢を加えてよく混ぜて火を止める。

【ゴボウ】

旬 |

11月〜。秋から冬に向けて旬を迎えますが、6〜7月に出回る新物は柔らかくて香りが良くとても美味しいです。

下ごしらえ |

①洗いゴボウも便利ですが、土付きの方が香りもよく日持ちがします。土付きのものは使う部分を切って、たわしで擦り水で土を洗い流します。表面の薄い皮が香りが良いので、あまり強くこすらず表面の土だけを洗い流します。
②洗ったら1cm程の厚さで斜めに切り、酢水に漬けます。

保存方法 |

○土付きゴボウ | 保存しやすい長さに切り、新聞紙で包んで冷蔵庫、もしくは15℃以下で常温保存できます。たわしで土を洗い流したものは、水気を拭き取ってラップで包んで、冷蔵庫で1週間程度保存ができます。
○カット済みのゴボウ | アクで変色するので、酢水に漬けたまま保存容器に入れて冷蔵庫か、酢水から引き揚げて保存袋に入れて冷凍庫で保存します。冷蔵庫で2日程度、冷凍庫で2週間程度持ちますが、味も香りも失われやすいので早めに使うようにします。

カリ〜雑学 |

なんとゴボウを日常的に食べるのは世界で日本だけなのだそうです！なのにゴボウの原産は日本ではないようで、それなのにどうして日本人だけがゴボウを日常的に食べるようになったのか不思議です。またさらに個人的に不思議なのが、日本人しか食べないゴボウがなぜかあらゆるスパイスと相性が良いということです。本当にどのスパイスと合わせても喧嘩しないどころか仲良くなってしまうんですよね。本当に不思議なことです。

◁ゴボウとこんにゃくの和出汁チキンカリ〜

◁ゴボウのアチャール

カリ〜ビトのカリ〜＆アチャール辞典

ゴボウとこんにゃくの和出汁チキンカリ〜

材料 |

鶏もも肉　300g　一口大にきる◎ゴボウ　50〜60g　斜めに1cm程度の厚さにスライス◎玉こんにゃく　150g程度　下茹でしておく◎玉ねぎ　100g　スライス◎生姜　15g　みじん切り◎トマト缶　80g◎いりこ出汁(水　200cc/いりこ　15〜20g)◎塩　小さじ1/4〜(味を整える程度)◎サラダ油　大さじ2/3◎鷹の爪　3本

A. ターメリック　小さじ1/4◎チリパウダー　小さじ1/2◎コリアンダーパウダー　小さじ1◎クミンパウダー　小さじ1/2◎ホワイトペッパーパウダー　小さじ1/6

B. 醤油　大さじ1と1/2◎みりん　大さじ1と1/2

手順 |

①いりこを一晩冷蔵庫で水に浸けていりこ出汁を作り、いりこを出汁から引き揚げておく。②サラダ油と鷹の爪をフライパンに入れて中火にかけて30秒熱し、玉ねぎを加えてきつね色に炒める。③鶏もも肉とゴボウ、生姜を加えて60秒炒め、トマト缶を加えて30秒炒める。④A.を加えて30秒炒め、いりこ出汁とこんにゃく、B.を加えて再度沸かす。⑤

フタをして弱火にして10分煮て、塩を加えて味を整えて完成。

＊塩ではなくて醤油で味を整えても大丈夫です。＊仕上げにごま油を少し垂らしても風味が良いです。

ゴボウのアチャール

食べ頃 | 翌日以降

保存 | 保蔵容器に入れて冷蔵庫で10日程度

材料 |

ゴボウ　200g　5cm幅に切る(太い場合は叩いて潰すと良いです)◎サラダ油大さじ4◎お酢　大さじ4◎フェヌグリークシード　小さじ1/2◎鷹の爪3本

A. ターメリック　小さじ1/4◎チリパウダー　小さじ2/3◎ガラムマサラ　小さじ1/3◎アムチュール　小さじ1/4◎塩　小さじ1〜

手順 |

①ゴボウを沸騰したお湯で3分茹で、お湯を切る。②フライパンにサラダ油、フェヌグリークシード、鷹の爪を入れ中火で鷹の爪が色付くまで加熱し、ゴボウを加えて30秒炒める。③A.を加えて10秒炒め、お酢を加えてよく混ぜて火を止める。

【さつまいも】

旬 |

8 〜 11 月。

下ごしらえ |

①土や汚れをたわしで洗い流し、両端の硬い部分を 1 〜 2cm 程包丁で切り落とし、2 〜 4cm 角に切ります。
②切ったら変色してしまうので、使うまでの間は水にさらしておきましょう。

保存方法 |

○丸のままのさつまいもは新聞紙で包んで、立てた状態で風通しの良いところで保存します。冷蔵庫だとさつまいもには寒すぎて傷んでしまうことがあるので、なるべく常温で保存しましょう。

○切って使いきれなかったさつまいもは、一度茹でると保存容器に入れて冷蔵庫で保存できます。茹でてあるとおやつとしてもつまめるのでおすすめですよ。冷蔵庫では 4 日程度持ちますが、香りは茹でたてが一番いいので、なるべく早く食べ切るようにします。

カリ〜雑学 |

さつまいもという名前からして日本原産の野菜かと思いきや、中南米が原産です。しかし日本のさつまいもは中南米のものよりもかなりホクホクして甘いようで、全く味わいが違うようですね。さつまいもは 8 月辺りから収穫され始めますが、すぐ食べるよりも新聞紙に包んで、立てて風通しの良い場所において 2 〜 3 ヶ月寝かせると、水分が抜けて甘みが増します。さつまいもをカレーにするときはその甘みを活かしてココナッツミルクなどと合わせても良いのですが、意外なことにグリーンチリの辛味ともとても相性が良かったりします。

◁さつまいもバターチキンカリ〜 ◁さつまいものアチャール

カリ〜ピトのカリ〜＆アチャール辞典

さつまいもバターチキンカリ～

材料 |

さつまいも　200g 2cm 角切り◎玉ねぎ　150g　すりおろす◎ターメリック　小さじ 1/2◎水　250cc◎生クリーム　50cc◎サラダ油　小さじ 1/2◎バター　40g◎フェヌグリークシード　小さじ 1/3◎ガラムマサラ　小さじ 1/2

A. 鶏もも肉　400g◎ヨーグルト　60g◎チャットマサラ　小さじ 2/3◎ガラムマサラ　小さじ 2/3◎カスリメティ　大さじ 1◎チリパウダー　小さじ 1/3◎すりおろしニンニク　小さじ 1◎すりおろし生姜　小さじ 1◎レモン果汁　10cc◎塩　小さじ 2/3◎砂糖　小さじ 1/3

B. スターアニス　1 粒◎ブラックカルダモン　1 粒◎ブラックペッパー粒　小さじ 1/3◎シナモン　3cm×1 本◎ベイリーフ　1 枚◎カルダモン　3 粒

手順 |

①A. の材料全てをボウルで混ぜ合わせて 1 時間以上漬けておく。②フライパンにサラダ油とフェヌグリークシードを加えて中火にかけ、フェヌグリークシードが黒くなるまで炒める。③バターを加えて溶かし、B. を加えて 20 秒炒める。④玉ねぎとターメリックを加えて 90 秒炒める。⑤①のマリネした肉を加えて 90 秒炒め、さつまいもを加えてさらに 30 秒炒める。⑥水を加えて沸かし、弱火にして 10 分煮る。⑦生クリームを加えて混ぜながら沸かし、ガラムマサラを加えて分量外の塩で味を整えて完成。

さつまいものアチャール

食べ頃 | 翌日以降

保存 | 保存容器で冷蔵庫で 1 週間程度

材料 |

さつまいも　250g 1cm 角切り◎グリーンチリ　1～3 本 ヘタだけ取っておく◎サラダ油　70cc◎塩　小さじ 2/3～◎お酢　35cc◎ブラウンマスタードシード　小さじ 2/3（あれば）

A. ヒング　小さじ 1/6◎チリパウダー　大さじ 1/2◎ターメリック　小さじ 1/4◎砂糖　小さじ 1

手順 |

①さつまいもを 180 度の油で 2 分素揚げをし、油を切っておく。②フライパンにサラダ油と、使う場合はブラウンマスタードシードを入れて中火にかけ、弾けるまで加熱する。使わない場合はそのまま油を中火で 40 秒熱する。③さつまいもとグリーンチリを加えて 30 秒炒め、A. を加えて 10 秒炒める。④お酢を加えてよく混ぜて火を止める。

【里芋】

ものはラップで包んで冷蔵庫に入れましょう。こちらは5日程度保存できます。
〇一度切った里芋は、下茹でをしてから保存容器に入れ、冷蔵庫で保存します。この状態では約3日ほど保存できますが、傷みやすいのでなるべく早く使い切ることをおすすめします。

旬

7〜12月。品種によっては新物が早ければ7月から出回り始めます。

下ごしらえ

①たわしで土を洗い流し、次に包丁で皮を剥きます。皮を剥いた後はぬめりが出るため、手が滑らないように注意が必要です。
②皮を剥いたら、里芋の大きさに応じて4〜8等分に切り分けます。ぬめりで切りにくい場合は、濡らした布巾をまな板の上に敷き、その上に里芋を置くと滑りにくくなります。新物などサイズが小さいものは無理に切る必要はありません。
③切り終えたら水にさらしておきます。すぐに使う場合は、水にさらさなくても大丈夫です。

保存方法

〇土付きの里芋は新聞紙に包んで風通しが良い場所に置くと、常温で1〜2ヶ月保存可能です。たわしで表面を洗った

カリ〜雑学

里芋は普段煮っころがしにしたり、イカと一緒に炊いたり、丸揚げにしたりと様々な楽しみ方をしますよね。日本人がとても親しみを感じる秋の野菜の一つではないかと思います。ところが、なんとこの里芋、原産はインドから東南アジアの辺りと考えられているそうです。確かにインドではチキンカレーやマトンカレーに里芋を入れたものが、家庭で人気があったりするんですね。野菜のルーツを調べてみると、驚くほど多くの意外な事実が明らかになりますね。本書ではケララ風のイカと里芋のカリ〜のレシピを紹介します！

▽イカと里芋の
　ココナッツカリ〜

▽里芋のアチャール

カリ〜ビトのカリ〜＆アチャール辞典

イカと里芋のココナッツカリ〜

材料|

生イカ　1パイ(200g程度)胴体は輪切りにし、足は食べやすく切る◎里芋200g　皮を剥いて食べやすい大きさに切る◎トマト缶　80g◎水　150cc◎ココナッツミルク　150cc◎塩　小さじ1/3〜◎レモン果汁　大さじ1◎サラダ油　大さじ1(あればココナッツオイル)

A. 鷹の爪　3本◎ブラウンマスタードシード　小さじ1/2

B. カレーリーフ　10枚◎玉ねぎ　100gみじん切り◎ニンニク/生姜　10g/10gみじん切り◎グリーンチリ　1/2本　小口切り

C. ターメリック　小さじ1/2◎チリパウダー　小さじ1/2◎クミンパウダー　小さじ1/2◎ブラックペッパーパウダー　小さじ1/2

手順|

①サラダ油とA.をフライパンに入れて弱めの中火にかけ、ブラウンマスタードシードが弾けだしたらB.を加えて60秒炒める。②トマト缶を加えて30秒炒め、C.を加えて30秒炒める。③イカと里芋を加えて30秒炒め、水を加えて沸かす。④フタをして弱火にして8分煮る。途中で鍋の中を1〜2回混ぜる。⑤ココナッツミルクを加えて弱火のまま沸かし、塩とレモン果汁を加えてよく混ぜて完成。

里芋のアチャール

食べ頃| 半日寝かせて

保存| 保存容器に入れ冷蔵庫で5日程度

材料|

里芋　250g　2〜4等分する◎ごま油　大さじ1◎サラダ油　100cc◎ブラウンマスタードシード　小さじ1/2◎鷹の爪　3本◎ニンニク/生姜　10g/10g　みじん切り◎すりごま(白)　大さじ1◎いりごま(白)　大さじ1◎すし酢　75cc

A. ターメリック　小さじ2/3◎チリパウダー　小さじ1/2◎塩　小さじ2/3〜

手順|

①里芋を180℃の油で2分30秒素揚げして、油を切っておく。②ごま油とサラダ油、ブラウンマスタードシードと鷹の爪をフライパンに入れて中火にかけ、鷹の爪が黒くなるまで炒める。③火を一度弱火にしてニンニク/生姜を加えて10秒炒める。④素揚げした里芋とA.を加えて20秒炒める。⑤中火に戻しすし酢を加えて混ぜながら沸かし、そのまま混ぜながら30秒加熱する。⑥すりごま(白)といりごま(白)を加え、全体をしっかり混ぜて火を止める。

【サヤインゲン】

旬 |

6〜9月。

下ごしらえ |

①水で洗って水気を切ります。

②ヘタの端を指で折ったときに筋がつながるものは、そのまま筋を引っ張って取り除きます。筋がないものもあるので、ヘタの端を指で折ったときにそのまま取れてしまうものはそのままで大丈夫です。

保存方法 |

○キッチンペーパーに包んで野菜室で5日ほど保存できます。夏場はたくさん採れるので、食べきれない場合は適当な長さに切った後に塩茹でして、冷水にさらして冷まし、水気を切ってから保存容器に入れて冷蔵するか、冷凍しましょう。冷蔵庫では3日程度、冷凍庫では3週間程度保存できます。あまり長く置いておくと香りが失われてしまうので、早めに食べ切るのがおすすめです。

○冷凍したものを使う場合は、凍ったままカレーの仕上げに入れると良いです。

カリ〜雑学 |

カリ〜に関する雑学ではないのですが、サヤインゲンは一日ザルの上に広げて天日干しすると、適度に水分が抜けて味と香りが増します。少ししんなりするのですが、鮮度が落ちたしんなりとは違うので調理後の味も香りも食感もむしろ良くなります。ピックルにする場合は特に、一夜干しサヤインゲンを用いるのがおすすめですよ。

▽ベビーホタテとサヤインゲンのカリ〜

▽サヤインゲンピックル

カリ〜ビトのカリ〜＆アチャール辞典

ベビーホタテとサヤインゲンの
カリ〜

材料 |

ベビーホタテ　300g(茹でてあるもの
で OK です)◎サヤインゲン　150g　下
ごしらえをして 3cm 幅に切る◎玉ね
ぎ　80g　みじん切り◎ニンニク / 生姜
15g/10g　みじん切り◎グリーンチリ
1/2 〜 1 本　小口切り◎トマト缶　80g
◎ヨーグルト　100cc　きれいに溶いて
おく◎水　120cc◎サラダ油 (あれば
ココナッツオイル)　大さじ 1◎パンチ
フォロン　小さじ 2/3

A. ターメリック　小さじ 1/3◎チリパ
ウダー　小さじ 1/3◎コリアンダーパウ
ダー　小さじ 1/3◎ブラックペッパーパ
ウダー　小さじ 1/3

B. カスリメティ　大さじ 1 （お好みで）
◎砂糖　小さじ 1/2◎塩　小さじ 1/2 〜
◎ガラムマサラ　小さじ 1/2

手順 |

①サラダ油をフライパンに入れて弱めの
中火にかけ 50 秒熱し、パンチフォロン
を入れて 5 秒炒める。②玉ねぎを加え
てきつね色に炒め、ニンニク / 生姜とグ
リーンチリを加えて 10 秒炒める。③ト
マト缶を加えて 30 秒炒め、A. を加えて
10 秒炒める。④一度火を止めてヨーグ
ルトを加えて完全に混ざり切るまでしっ

かりと混ぜ、水を加えて全体をさらに
しっかり混ぜ、中火にかけて沸かす。⑤
ベビーホタテとサヤインゲンを加えて混
ぜながら沸かし、弱火にして 3 分煮て、
B. を加えてよく混ぜて完成。

サヤインゲンピックル

食べ頃 | 冷めたら

保存 | 保存容器に入れて冷蔵庫で 1 週間
程度

材料 |

サヤインゲン　10 本　1cm 幅に切る◎
レモン果汁　大さじ 3◎マスタードオイ
ル　大さじ 3

A. すりごま(白)　大さじ 3◎ターメリッ
ク　小さじ 1/4◎チリパウダー　小さじ
1/2◎クミンパウダー　小さじ 1/2◎塩
小さじ 2/3 〜

手順 |

①サヤインゲンを沸騰したお湯で 1 分茹
で、冷水で冷まして水気を切っておく。
②フライパンにマスタードオイルを入れ
て中火にかけ 40 秒熱し、①のサヤイ
ンゲンを入れて 30 秒炒め、A. を加えて
20 秒炒める。③レモン果汁を加えてよ
く混ぜて火を止める。

【じゃがいも】

旬｜

9〜11月。新じゃがは3〜5月頃から出回ります。

下ごしらえ｜

①たわしで洗って土を洗い流し、皮を剥いて、芽の部分をくり抜きます。

②使いやすい形に切って、すぐ使わない場合は水にさらしておくと変色しづらいです。

③緑色になった皮と芽、発芽した部分には毒がありますので、皮はきれいに剥いて、芽もしっかりくり抜いてから使うようにします。あまり時間が経ったものは皮を剥いたその下も緑色になっていますが、その部分も必ずきれいに取り除くようにします。

保存方法｜

○土付きのままでも保存できますが、湿った状態で置いておくとじゃがいもは簡単に腐ってしまうので、軽く日に当てて全体を乾かしましょう。乾かしたじゃがいもは新聞紙に包んで風通しの良い場所で1ヶ月程度保存ができます。

○土を洗い流したじゃがいもも、上と同じ手順で保存ができます。

○切ったじゃがいもは茹でて火を通して、冷ましてから保存容器に入れて冷蔵庫に入れます。3〜4日程度保存ができます。

カリ〜雑学｜

日本でもじゃがいもはカレーの具材としては欠かせないものの一つですが、なんとそれはパキスタン、インド、ネパール、バングラデシュ、インドネシアなど世界各国のカレーが美味しい国でも同じなのです。そして日本とちょっと違って面白いのは、インドやネパールではじゃがいもが漬物の具にもなるということ。意外ですが美味しくてクセになりますよ！

◁骨付きビーフ＆ポテトカリ〜

◁じゃがいものアチャール

骨付きビーフ&ポテトカリ～

材料 |

牛肉 400g(骨付き肉は 500g) ◎じゃが
いも　200g　皮を剥いて一口大に切る◎
玉ねぎ　100g　スライス◎韓国青唐辛
子 (辛さ控えめのもの)　2 ～ 4 本　小口
切り◎ニンニク / 生姜　20g/10g　みじ
ん切り◎トマト缶　150g◎ヨーグルト
50g　きれいに溶いておく◎水　450cc
◎塩　小さじ 2/3 ～◎サラダ油 大さじ 1

A. シナモン　3cm × 1 本◎ベイリーフ
1 枚◎カルダモン　3 粒◎クローブ　3
粒◎ブラックカルダモン　1 粒 (あれば)

B. ターメリック　小さじ 2/3◎チリパ
ウダー　小さじ 2/3◎コリアンダーパウ
ダー小さじ 1 と 1/2◎ガラムマサラ　小
さじ 1/2◎ブラックペッパーパウダー
小さじ 1/4

手順 |

①サラダ油と A. をフライパンに入れて
中火にかけ、ベイリーフが茶色く色づく
まで 50 ～ 60 秒熱し、玉ねぎを加えて
きつね色に炒める。②韓国青唐辛子とニ
ンニク / 生姜を加えて 10 秒炒め、トマ
ト缶を加えて 30 秒炒める。③牛肉とヨー
グルトを加えてしっかり混ぜながら 90
秒炒め、B. を加えて 30 秒炒める。④水
を加えて沸かして、フタをして弱火にし
て 35 分煮る。⑤じゃがいもを加えて再

度沸かし、もう一度フタをして 7 分煮て、
塩を加えてよく混ぜて完成。

じゃがいものアチャール

食べ頃 | 翌日

保存 | 保存容器に入れて冷蔵庫で 1 週間
程度

材料 |

じゃがいも　3 個　皮を剥いて 3cm 角
切り◎マスタードオイル　大さじ 4◎
フェヌグリークシード　小さじ 1 (より
本格的にするなら)

A. 生姜 みじん切り　大さじ 1◎グリー
ンチリ　1 本　小口切り◎ターメリック
小さじ 1/6◎チリパウダー　小さじ 1◎
すりごま (白)　大さじ 5◎山椒粉　小
さじ 1/2◎レモン果汁 大さじ 2◎ヒン
グ　ひとつまみ◎塩　小さじ 1 ～

手順 |

①じゃがいもを沸騰したお湯で爪楊枝が
すっと通るくらいの柔らかさになるまで
茹でて、ざるでお湯を切って自然に冷ま
す。②じゃがいもと A. をボウルで混ぜ
合わせる。③より本格的にするなら、小
さめのフライパンにマスタードオイルと
フェヌグリークシードを入れて中火にか
け、フェヌグリークシードが黒く炒まっ
たら②に加えてよく混ぜて完成。

【ズッキーニ】

旬 |
6〜8月。

下ごしらえ |
①水で洗って汚れを落とし水気を拭き取ります。

②両端の硬い部分を包丁で切り落として、1cm くらいの厚さで輪切りにするか、縦に半分に割って半月切りにしてカレーに使います。

保存方法 |
〇収穫したてのズッキーニは涼しくて風通しの良い場所であれば常温で数日保存できます。ただ常温では少しずつ熟して柔らかくなるので、たくさんあってすぐに食べ切れない場合は、ラップで包んで野菜室に入れます。野菜室では10日前後保存できます。

〇切ってしまったものは保存容器に入れて冷蔵庫で4〜5日程度保存ができます。

カリ〜雑学 |
ズッキーニはクセがない食材で、ここで紹介するレシピ以外にも色々なカレーにそのまま入れて楽しめます。しかも夏にはたくさん採れるので、レシピには書いていなくても、ちょっと切って他のカレーに一緒に入れても問題ありません。私はゴーヤーキーマカリ〜のゴーヤーの代わりに使ったり、トマトとも相性が良いのでオクラとチキンのトマトカリ〜に追加で入れたりすると分かりやすく美味しいと感じます。ぜひ他にもお好みの食べ方を色々探してみて下さいね！また、ズッキーニのアチャールはきゅうりでも作ることができます！レシピ末尾の＊以下を合わせてご覧下さい！

◇ズッキーニとしらすの冷やしカリ〜

◇ズッキーニのアチャール

カリ〜ビトのカリ〜＆アチャール辞典

ズッキーニとしらすの冷やしカリ〜

材料|

ズッキーニ　1本（180〜200g）きゅうりの酢の物くらいの厚さでスライス◎玉ねぎ　80g　粗みじん切り◎グリーンチリ　1〜2本　小口切り◎ニンニク/生姜　10g/15g　みじん切り◎生トマト中サイズ1玉　1cm角切り◎水　100cc◎塩　小さじ1〜◎サラダ油　大さじ2◎氷　300g

A. ブラックペッパー粒　小さじ1/2◎パンチフォロン　小さじ1と1/3

B. タマリンドペースト　大さじ2◎ターメリック　小さじ1/2◎チリパウダー小さじ1◎コリアンダーパウダー　小さじ1◎クミンパウダー　小さじ1/2◎ガラムマサラ　小さじ1◎カスリメティ大さじ1(あれば)

C. 玉ねぎ　スライス　30g◎生姜　千切り　10g◎しらす　70g

手順|

①フライパンにサラダ油を入れて中火で40〜50秒熱し、A.を入れてパチパチ5秒炒める。②玉ねぎを加えて30秒炒め、ニンニク/生姜とグリーンチリを加えてさらに15秒炒める。③生トマトを加えて30秒炒め、B.を加えてさらに15秒炒める。④ズッキーニと塩を加えて30秒炒め、水を加えて沸かし、フタをして弱火にして3分煮る。⑤フタを外して火を止めて、氷を加えてよく混ぜ、ある程度冷めたらC.を加えて更に混ぜて、氷が溶けて冷たくなったら完成。そのまま食べられます。

ズッキーニのアチャール

食べ頃|できたて

保存|保存容器に入れて冷蔵庫で2日

材料|

ズッキーニ　1本（180〜200g）　きゅうりの酢の物くらいの厚さでスライス◎玉ねぎ　20g　スライス◎チリパウダー小さじ1/2◎レモン果汁　大さじ1◎塩小さじ1/2〜

手順|

①ズッキーニをスライスしたら冷水でさっと洗い水気をしっかりと切る。②ボウルで全ての材料をしっかりと混ぜ合わせ、チリパウダーが全体に馴染んだら完成。

＊きゅうりで作る場合は①を飛ばして、②でいきなりすべての材料を混ぜ合わせます。お好みで刻んだトマト50gや刻んだパクチー少々、マスタードオイル小さじ1を追加して下さい。

【冬瓜】

旬 |

7〜9月。

下ごしらえ |

①一玉が大きいので、必要な量を端から少しずつ切って使いましょう。

②カレーにする場合はまず3〜4cm程度の厚さに輪切りにします。

③冬瓜は皮が分厚いので輪切りにしたら冬瓜を寝かせ、包丁で外側の皮を少しずつ切って取り除いていきます。

④皮を一周切って回ると、内側に種とワタが残るのでその部分をくり抜きます。

⑤最後に可食部がドーナツ状に残るので、3cm程度の幅で切り分けます。

保存方法 |

○切っていない冬瓜は風通しの良い場所で、そのまま保存できます。状態が良ければ冬まで保つ、ということで冬瓜という名前がついたそうです。

○少しでも切った冬瓜は、切り口にラップを当てて冷蔵庫で保存します。切った冬瓜をそのまま外に出しておくと、虫がついてしまいます。

○一玉まるごと下ごしらえをし、チャック付き保存袋で平らにならして冷蔵庫に入れると省スペースです。だんだん色が悪くなってくるので、様子を見ながら1週間程度で使い切るようにしましょう。

カリ〜雑学 |

冬瓜は味や旨味が染み込みやすい食材です。お肉や魚を使ったカレーに入れて、ゆっくり煮て味を染み込ませると、柔らかく、とろけるような食感になってとても美味しいですよ。また、生姜の味や香りと相性が良いので、カレーにも生姜を多めに入れると良いでしょう。生姜は夏場の冷房で冷えた体を温めてくれるので、おすすめの組み合わせです。

▽サバと冬瓜のココナッツカリ〜

▽冬瓜ピックル

サバと冬瓜のココナッツカリ〜

材料 |

冬瓜　200g　下ごしらえをして 3cm 幅で切り分けておく◎玉ねぎ 80g みじん切り◎ニンニク / 生姜　10g/20g みじん切り◎グリーンチリ　1/2 本　小口切り◎水　150cc ◎ココナッツミルク 150cc ◎塩　小さじ 2/3 〜◎レモン果汁　大さじ 1 ◎サラダ油 (あればココナッツオイル)　大さじ 1/2 を 2 つ◎鷹の爪 3 本◎ブラウンマスタードシード　小さじ 1/2 ◎カレーリーフ　10 枚 (あれば)

A. ターメリック　小さじ 1/2 ◎クミンパウダー　小さじ 1/2 ◎チリパウダー　小さじ 2/3

B. サバ　250g 程度　食べやすい大きさに切っておく◎フェヌグリークシード　小さじ 1/2(大さじ 1 の水で 1 時間浸けておく)◎生トマト　1/2 個　ざく切り

手順 |

①サラダ油をフライパンに入れて弱めの中火にかけ 30 秒熱し、玉ねぎを入れてきつね色に炒め、ニンニク / 生姜とグリーンチリを加えて 10 秒炒める。②A. を加えて 10 秒炒め、水を加えて沸かす。③冬瓜を加えて再度沸かし、フタをして弱火にして 10 分煮る。④ B. を加えて弱火のまま再度沸かし、5 分煮る。⑤ココナッツミルクを加えて弱火のまま混ぜながら沸かし、塩とレモン果汁を加えてよく混ぜる。⑥別の小さいフライパンにサラダ油と鷹の爪、ブラウンマスタードシードを入れて弱めの中火にかけ、マスタードシードが弾けだしたらそのまま 5 秒炒め、あればカレーリーフを加えてさっと炒めて⑤の鍋に加えて全体をよく混ぜて完成。

冬瓜ピックル

食べ頃 | 翌日以降

保存 | 冷蔵庫で 1 週間程度

材料 |

冬瓜　200g　1cm 角切り◎チリパウダー　大さじ 1/2 ◎アムチュール　大さじ 1 ◎塩　小さじ 1 ◎レモン果汁　大さじ 2 ◎ニンニク　1 粒　しっかり潰す◎サラダ油　大さじ 1

手順 |

①すべての材料をしっかり混ぜる。
②保存容器に入れて一日寝かせる。

【とうもろこし】

旬|

6〜9月。

下ごしらえ|

○とうもろこしは鮮度が落ちるのが早いので、手に入ったらなるべく早く下ごしらえをしましょう。

①まずとうもろこしの葉を剥き、次にヒゲを手で取り除きます。あまり汚れていることはないですが、葉の内側に汚れや虫がついていることがあるので、一応水でさっと洗います。

②とうもろこしを茹でやすいサイズに切り分けます。芯は包丁で切ることができますが、硬いので気をつけましょう。

保存方法|

○下ごしらえを済まして鍋にたっぷりのお湯を沸かして下茹でをし、冷水にとってすぐに冷まします。

○ざるで水を切って水気を軽く拭き取り、保存袋に入れて空気を抜いて冷蔵庫で3日、冷凍庫で1ヶ月程度保存できます。

カリ〜雑学|

とうもろこしは中南米が原産ですが、現代では世界中で食べられている野菜の一つです。北インドでは炭火で焼いて、チリパウダーと岩塩もしくはチャットマサラというミックススパイスをかけて食べたりします。北インドのものと日本のものは品種が違いますが、しっかり香ばしく焼けば日本のとうもろこしでもインドの焼きもろこしっぽくなります。本書のレシピとは関係ないですが、ご興味ある方は一度お試し下さい！

◁豚バラコーンカリー

◁とうもろこしのアチャール

豚バラコーンカリ～

材料 |

豚バラ　400g 3cm 角切り◎とうもろこし　1 本 3cm 幅で切る◎カレーリーフ　6 枚◎玉ねぎ　120g スライス◎ニンニク / 生姜　10g/10g　みじん切り◎無調整豆乳　200cc◎塩　小さじ 2/3 ～◎サラダ油　大さじ 2/3

A. ピーナッツ (皮なし)　40g◎すりごま（白）大さじ 1 と 1/2◎水　150cc

B. ベイリーフ　1 枚◎鷹の爪　2 本◎ブラウンマスタードシード　小さじ 1/2

C. ターメリック 小さじ 1/2◎チリパウダー　小さじ 1/2◎クミンパウダー　小さじ 1◎コリアンダーパウダー　小さじ 1 と 1/3◎ホワイトペッパーパウダー　小さじ 1/6

手順 |

① A. の材料をボウルに合わせて 1 時間浸けておき、ハンドミキサーなどでペースト状にする。②フライパンにサラダ油と B. を入れて中火にかけ、ブラウンマスタードシードが弾けだしたら、カレーリーフを加えてさっと全体を混ぜながら炒める。③玉ねぎを加えてきつね色に炒め、ニンニク / 生姜を加えて 10 秒炒める。④ C. を加えて 10 秒炒め、豚肉ととうもろこしを加えて豚肉の表面が完全に白くなるまで炒める。⑤豆乳と①のペーストを加えて沸かし、フタをして弱火にして 12 分煮て、塩を加えてよく混ぜて完成。

とうもろこしのアチャール

食べ頃 | 翌日

保存 | 保存容器に入れて冷蔵庫で 1 週間程度

材料 |

とうもろこし　2 本　4cm の輪切りにする◎オリーブオイル　120cc◎ニンニク / 生姜　5g/5g　みじん切り◎塩　小さじ 1 と 1/3◎白ワインビネガー　120cc

A. ブラウンマスタードシード 小さじ 1◎クミンシード 小さじ 1◎鷹の爪 2 本

B. ターメリック　小さじ 2/3◎チリパウダー　小さじ 1/4◎ブラックペッパーパウダー　小さじ 1/2

手順 |

①鍋にお湯を沸かし、とうもろこしを 60 秒茹でてお湯を切っておく。②フライパンにオリーブオイルと A. を入れて中火にかけて、マスタードシードが弾けだしたらニンニク / 生姜を加えて 10 秒炒める。③とうもろこしを加えて 10 秒炒め、B. を加えてさらに 10 秒炒める。④塩と白ワインビネガーを加えてよく混ぜて火を止める。

【トマト】

旬｜

春から秋まで。夏に収穫量が増えますが、味が良いのはその前後と言われています。

下ごしらえ｜

①水で洗って汚れを落とし、水気を拭き取ります。

②ヘタをくり抜いて、1cm角切りにします。種はそのままカレーに加えて大丈夫ですが、もし気になる場合は、最初にトマトを横に半分に切りましょう。そうするとトマトの断面が見えるので、ティースプーンで種をほじって取り除くことができます。

保存方法｜

○トマトは常温でおいておくとどんどん熟れて柔らかくなってしまうので、涼しくて風通しの良い場所に置き、2〜3日を目処に食べるようにすると良いでしょう。

○冷蔵庫で保存する場合は、ラップで包んで野菜室で5日程度保存ができます。庫内の温度が低いとトマトにとっては温度が低すぎて傷んでしまうことがあるので注意が必要です。

○切ったり刻んだりしてしまったトマトは、保存容器に入れて冷蔵庫で2〜3日保存ができます。切ったトマトはカビが生えやすかったり、傷みやすかったりするので、気をつけましょう。

カリ〜雑学｜

生のトマトもトマト缶も同じトマトですが、食材としてカレー作りに使ったときには同じ野菜とは思えないほど、違う食材のような働きをします。トマト缶は入れ過ぎるとどうしても味も香りもトマト煮込み感が出てきてしまうのですが、生のものはそこまでトマト煮込み感を出すことなく、トマトの味と香り、旨味を楽しめます。ここでは生のトマトをたくさん使って、ぱっと作れる炒めものタイプのカリ〜を紹介します。夏に完熟トマトが手に入ったらぜひお試し下さい！

▽バーベキューチキンの
　炒めカリ〜

▽プチトマトのアチャール

バーベキューチキンの炒めカリ〜

材料 |

生トマト　200g 程度　ざく切り◎サラダ油　大さじ 2/3◎塩　小さじ 1/2

A. 鶏もも肉　600g　一口大に切る◎にんにくペースト　小さじ 1◎生姜ペースト　小さじ 1◎コリアンダーパウダー小さじ 1◎ガラムマサラ　小さじ 1◎カスリメティ　大さじ 1◎塩　小さじ 1/2

B. にんにく　3 粒　粗みじん切り◎生姜ニンニクと同量　粗みじん切り◎玉ねぎ100g ざく切り◎ピーマン 2 個 ざく切り

C. ターメリック　小さじ 1/2◎チリパウダー　小さじ 1/2◎ガラムマサラ小さじ 1/2

手順 |

① A. の全ての材料をボウルで混ぜて、1 時間程度漬けておく。②フライパンに分量外のサラダ油を少々を引いて弱めの中火にかけ、①のチキンを完全に火が入るまで途中ひっくり返しながらしっかりと焼く。③焼いたらチキンをフライパンから取り出し、サラダ油大さじ 2/3 を新しく加えて強火で 10 秒熱し、B. を加えて 30 秒炒める。④焼いたチキンを戻して 10 秒さらに炒め、C. を加えてさらに10 秒炒める。⑤生トマトと塩を加えて50 秒しっかりと混ぜながら炒めて完成。

プチトマトのアチャール

食べ頃 | 翌日

保存 | 保存容器に入れて冷蔵庫で 5 日程度

材料 |

プチトマト　25 粒　ヘタを取っておく◎オリーブオイル　150cc◎白ワインビネガー　100cc

A. ベイリーフ　1 枚◎ブラウンマスタードシード　小さじ 1/2◎フェヌグリークシード　小さじ 1◎ブラックペッパー粒小さじ 1

B. ターメリック　小さじ 2/3◎パプリカパウダー　大さじ 1/2◎塩　小さじ 1と 1/2◎砂糖　小さじ 1 と 1/2

手順 |

①フランパンにオリーブオイルと A. を入れて中火にかけ、フェヌグリークシードが黒くなるまで炒める。②火を一度止めて B. を加えて 5 秒炒め、プチトマトを加えて全体にスパイスを絡める。③白ワインビネガーを加えて再度中火にかけてゆっくり混ぜながら沸かし、沸いたら火を止める。

【なす】

旬｜

6〜9月。

下ごしらえ｜

①なすはカレーに使う際には特に難しい下ごしらえは必要ありません。水で洗って水分を拭き取り、食べやすい大きさに切り分けます。

②生のままカレーに加えてもいいですし、一度油で素揚げしてからカレーの仕上げに加えることも可能です。

保存方法｜

〇なすを洗ったら水分を完全に拭き取って、ラップで包んで野菜室で5日ほど保存できます。ただし温度が低過ぎると色が変わって傷んでしまいますので、秋になって涼しくなってきたら常温での保存がいいかもしれません。

〇あまりにたくさんあって食べきれない場合は、下ごしらえをした後に素揚げをして、油をしっかり切って常温に冷ましてから冷凍するとよいでしょう。保存容器や保存袋にきれいに並べて冷凍しておくと使いやすいです。

カリ〜雑学｜

最近は色んなお店でカレーになすがトッピングしてあるのをよく見かけるようになったと思いますが、まだまだ「なす＝スパイスと相性が良い」というイメージは日本では浸透しきっていないような気がします。なすは油と相性がよく、スパイスもまた油と相性が良いので、あらゆるスパイスとよく馴染みます。程よく油脂分を含むお肉系のカレーとの組み合わせも最高です。とうもろこしとトマトのページで紹介しているカリ〜に、素揚げしたなすを仕上げに加えてもすごく美味しいです。ぜひ色々な食べ方を探してみてくださいね！

◁ベイガンチキンカリ〜

◁甘酸っぱいなすのアチャール

カリ〜ビトのカリ〜＆アチャール辞典

ベイガンチキンカリ〜

材料 |

鶏もも肉　400g　一口大にきる◎なす 200g　そのままもしくは素揚げしてお く◎玉ねぎ　150g　スライス◎ニンニ ク/生姜　15g/5g　みじん切り◎グリー ンチリ　1/2 本　小口切り◎トマト缶 50g◎水　300cc◎サラダ油　大さじ 1

A. 鷹の爪 3 本◎パンチフォロン 小さじ 2/3

もしくは、

ベイリーフ 1 枚◎カルダモン 3 粒◎ク ローブ 3 粒◎シナモン 3cm × 1 本◎ メース　1 つまみ (あれば)

B. ターメリック 小さじ 2/3◎チリパウ ダー　小さじ 1◎コリアンダーパウダー 小さじ 2/3◎ガラムマサラ 小さじ 1/2

C. 塩　小さじ 2/3 〜◎カスリメティ 大さじ 1◎ブラックペッパーパウダー 小さじ 1/3

手順 |

①サラダ油をフライパンに入れて中火に かけて 50 秒熱し、A. を加えて 5 秒炒め、 玉ねぎを加えてきつね色に炒める。②ニ ンニク/生姜を加えて 10 秒炒め、トマ ト缶を加えて 30 秒炒める。③ B. を加え て 10 秒炒め、鶏肉と生のなすを加えて 90 秒炒める。④水を加えて沸かし、そ のままの火加減で 8 分煮る。なすを素揚 げした場合は 6 分経過した時点で中に加 え、軽く混ぜながら 2 分煮合わせる。 ⑤ C. を加えてよく混ぜて完成。

甘酸っぱいなすのアチャール

食べ頃 | 冷めたら

保存 | 保存容器に入れて冷蔵庫で 1 週間

材料 |

なす　3 本　3cm 角切り◎タマリンド ペースト 大さじ 3◎サラダ油 大さじ 4 ◎塩　小さじ 1 〜

A. 砂糖　大さじ 2/3 〜◎チリパウダー 大さじ 1/2◎お酢　大さじ 2

手順 |

①なすをきつね色に素揚げして、油を 切っておく。②フライパンにサラダ油を 引いて弱めの中火にかけ 50 秒程度熱し、 ①のなすとタマリンドペーストを加えて 15 秒炒める。③ A. を加えて 10 秒炒め、 火を止める。

【ピーマン】

旬 |
7〜9月。

下ごしらえ |
①畑から採ってきたものは汚れがついていることも多いので、水で洗って汚れを落とし、水気を拭き取ります。
②縦に半分に割って種とヘタを取り除き、料理に適したサイズに切ります。

保存方法 |
○濡れている場合は水滴をしっかりと拭き取って、袋にまとめて入れて冷蔵庫で1週間以上保存できます。野菜室でなくても大丈夫です。ちなみに常温で置いておくと緑ピーマンは熟れて赤ピーマンになります。ただ収穫後の緑ピーマンから、赤ピーマンを作ろうとすると色が綺麗に均一に赤くならず、見た目が悪くなってしまったり、ちょっとした傷から傷み始めたりするので、緑ピーマンは緑ピーマンのうちに食べましょう！
○切ってしまったピーマンは、保存容器に入れて冷蔵庫で3〜4日保存ができます。切り口から傷んでくるので、切り口がぬめりはじめたものは使うのは止めましょう。ちなみに角切りなどよりスライスの方がさらに傷みやすいです。

カリ〜雑学 |
辛くはないですが唐辛子の仲間なので、カレー作りでは唐辛子と同じように使うことができます。インドカレーでは良く玉ねぎ、ニンニク、生姜と一緒にグリーンチリを炒めて辛味にしますが、辛いのが苦手な方はピーマンで代用しましょう。レシピでグリーンチリ1本につき、ピーマン1/2個に置き換えられます。味と香りに深みを出してくれますよ。

◁ピーマン入りダール

◁赤ピーマンのアチャール

ピーマン入りダ〜ル

材料 |

ムングダル 1/2cup ◎マスールダル 1/2cup(ダルはどちらかだけ 1cup でも OK です。) ◎水 300cc ◎ピーマン 小 2 個 1cm 角切り◎トマト缶 大さじ 1 ◎サラダ油 大さじ 1 ◎鷹の爪 2 本◎クミンシード 小さじ 2/3 ◎塩 小さじ 1 と 1/3 〜 (塩の種類によってしょっぱさがかなり変わってくるので少なめから試して下さい!)

A. 玉ねぎ 40g 粗みじん切り◎ニンニク / 生姜 10g/15g みじん切り

B. ターメリック 小さじ 1/3 ◎コリアンダーパウダー 小さじ 1/3 ◎クミンパウダー 小さじ 1/3 ◎チリパウダー 小さじ 1/3

手順 |

①鍋にダルを入れて、2 回水でゆすいで水を切る。②鍋に水 300cc とピーマンを入れて中火にかけ、沸いたら一度アクを取り、弱火にして途中軽く混ぜながら 12 分煮る。③小さめのフライパンを別に用意し、油と鷹の爪を入れて中火で熱し、黒っぽく色付いたらクミンシードを加えてパチパチ 10 秒炒める。④ A. を加えて、ニンニクがきつね色になるまで炒め、トマト缶を加えて 10 秒炒める。⑤ B. を加えて 15 秒炒め、②の鍋に入れ

てよく混ぜ、1 分程度煮合わせて塩を加えてよく混ぜて完成。* ②の煮込み時間が 12 分なので 11 分経過したくらいで合わせるとちょうど良いです。

* クミンシード小さじ 2/3 をパンチフォロン小さじ 1 に置き換えると東インド風の香りになります。

赤ピーマンのアチャール

食べ頃 | 冷めたら

保存 | 保存容器に入れて冷蔵庫で 5 日程度

材料 |

赤ピーマン 7 個 種を取って食べやすい大きさに切る◎ターメリック 小さじ 2/3 ◎マスタードオイル 35cc ◎オリーブオイル 35cc ◎白ワインビネガー 70cc

A. フェンネルシード 小さじ 1 ◎クミンシード 小さじ 1 ◎ブラウンマスタードシード 小さじ 1 ◎鷹の爪 3 本

B. 干しエビ 10g ◎ココナッツファイン 大さじ 2 ◎塩 小さじ 1 〜

手順 |

①フライパンにマスタードオイルとオリーブオイルと A. を入れて、中火にかけてブラウンマスタードシードが弾けだすまで熱する。②赤ピーマンを加えて 20 秒炒め、ターメリックを加えて全体をさっとかき混ぜる。③ B. を加えて 10 秒炒め、白ワインビネガーを加えて全体を混ぜて火を止める。

【ブロッコリー】

旬 |

6〜10月、11〜3月。地域によって収穫時期に差があり、例えば長野県は夏に出回るブロッコリーを多く栽培しています。また寒冷地や標高が高いところで栽培されるもので、秋口の霜に当たったブロッコリーは色が変わってしまいますが、柔らかく甘みが出て美味しいです。

下ごしらえ |

①房の蕾に砂埃や汚れがついていることがあるので、使う前には必ず水で濯ぐようにします。畑から収穫してきたものは、房の間に虫が隠れていることもあるので注意しましょう。

②洗ったら水気を切って房ごとに切り分けます。芯は付け根の部分を厚めに切り落とし、皮を剥いてスライスすることで料理に使用できます。

保存方法 |

○常温で置いておくと房の花が咲いてしまい、味が落ちてしまうので、すぐに食べない場合はポリ袋に入れて野菜室に入れておきましょう。ただそのまま入れるとかさばってしまうので、下ごしらえを済ませて保存容器に入れて野菜室に入れることも可能です。こちらは5日程度保存が可能です。

カリ〜雑学 |

ブロッコリーの親戚にカリフラワーとロマネスコがありますが、どちらも夏以外に出回る冬が旬の野菜です。ただ秋口にはもう出回るので、もし冬を待たずに思いがけずたくさん手に入った場合は、ブロッコリーと同じレシピで美味しく食べることができます！またさらに親戚の野菜として細長い形状のスティックブロッコリーや、カリフローレと呼ばれるそれのカリフラワーバージョンも夏以外に出回りますが、これらも同じレシピで美味しく食べれます。

◁シーフードとブロッコリーのココナッツカリー

◁ブロッコリーのアチャール

シーフードとブロッコリーの
ココナッツカリ～

材料 |

シーフード　300g(イカ、ホタテ、エビ、ムール貝など、ミックスしても美味しいです) ◎ブロッコリー　150g　下ごしらえをして小房に切り分ける◎玉ねぎ　80g　みじん切り◎ニンニク / 生姜　10g/15g　みじん切り◎細かく刻んだパクチーの芯　大さじ 1 と 1/2(あれば) ◎水　120cc ◎グリーンチリ　1 本手で半分に折っておく (あれば) ◎ココナッツミルク　250cc ◎塩　小さじ 1/2 ～◎サラダ油 (あればココナッツオイル) 大さじ 1 ◎パンチフォロン　小さじ 2/3 ◎カレーリーフ　10 枚
A. ターメリック　小さじ 2/3 ◎チリパウダー　小さじ 1/3 ◎クミンパウダー　小さじ 1/2 ◎コリアンダーパウダー　小さじ 1 と 1/3

手順 |

①フライパンにサラダ油を引いて弱めの中火にかけ 50 ～ 60 秒熱し、パンチフォロンとカレーリーフを入れて 5 秒炒める。②玉ねぎを加えてきつね色に炒め、ニンニク / 生姜とあれば細かく刻んだパクチーの芯を加えて 10 秒炒める。③A.を加えて 10 秒炒め水を加えて沸かし、シーフードとブロッコリー、グリーンチリを加えて再度沸かし、フタをして弱火にして 3 分煮る。④ココナッツミルクを加えてそのままの火加減でもう一度沸かし、さらに 2 分煮る。⑤塩を加えてよく混ぜて完成。

ブロッコリーのアチャール

食べ頃 | 冷めたら

保存 | 保存容器で冷蔵庫に入れて 3 ～ 5 日

材料 |

ブロッコリー　1 房　小さい房に切り分ける◎サラダ油　大さじ 3 ◎レモン果汁　大さじ 3
A. クミンパウダー　小さじ 1 ◎チリパウダー　小さじ 1 ◎イエローマスタード　大さじ 1 (フランクフルトにつけるやつ) ◎塩　小さじ 1

手順 |

①ブロッコリーを沸騰したお湯で 1 分茹で、ざるでお湯を切りそのまま自然に冷ます。②フライパンにサラダ油を引いて中火にかけ 50 秒熱し、ブロッコリーを入れて 20 秒炒める。③ A. を加えて 20 秒炒める。④レモン果汁を加えてよく混ぜて火を止める。

【れんこん】

旬 |
9 〜 12 月。

下ごしらえ |
①土付きのものはまずたわしで擦って土を洗い流します。

②節の硬い部分を包丁で切り落とし、薄い皮をピーラーで剥きます。

③皮を剥いたら太さによって、縦に2つから6つ割りにして1cm程度の厚さに切り、使うまでの間、水にさらしておきます。

＊節の部分にも栄養があります。食べるときにはしっかりとたわしで擦って隙間に入り込んでいる土を洗い流し、皮を剥いてから調理します。

保存方法 |
○れんこんは空気に触れたり光に当たったりすると傷みやすいという性質があります。家庭ではまず、土をたわしで洗い流し、水滴を軽く拭き取ったらラップでしっかり包み、そのまま冷蔵庫に入れて

しまうのが簡単で良いしょう。この方法では5日程度保存ができます。

○下ごしらえを既にして切ってしまったれんこんの場合は、一度茹でて保存容器で冷蔵庫に入れることで3日ほど保存ができます。ただこのやり方だと、れんこんは時間経過とともに黒ずんでいきます。

○茹でたれんこんは保存袋に平らに均して冷凍しても良いです。

カリ〜雑学 |
れんこんというと、これもまた日本の食材の代表格っぽく感じますが、食用のれんこんの原産地はアジア、エジプト、インド、東南アジアと諸説あり定まっていないようです。インド (?) というとまた意外かもしれませんが、そうなんです。日本のれんこんとは品種が違いますが、インドでもれんこんをカレーにして食べるのです。他にれんこんを食べる国には、スリランカと韓国があるようです。他にも探したらもっと色々な国や地域が出てきそうですね！

▽豚肉とれんこんの　　▽れんこんのアチャール
　赤ワインカリ〜

豚肉とれんこんの赤ワインカリ〜

材料 |

豚肉　350g　一口大に切る◎ヨーグルト　50g◎れんこん　150 〜 200g　下ごしらえをして 1cm 厚さに切る◎玉ねぎ　120g　スライス◎ニンニク / 生姜 10g/15g　みじん切り◎トマト缶　150g ◎水　100cc◎赤ワイン　200cc(一度沸かしてアルコールを飛ばしておく)◎サラダ油 (もしくはギーかバター)　大さじ 1

A. シナモン 3cm × 2 本◎クローブ　3 粒◎カルダモン　3 粒◎ベイリーフ　1 枚◎スターアニス 1 粒◎鷹の爪　2 本

B. ターメリック　小さじ 2/3◎チリパウダー　小さじ 1◎クミンパウダー　小さじ 1◎コリアンダーパウダー　小さじ 1 と 1/2◎ブラックペッパーパウダー　小さじ 1/3

C. 醤油　小さじ 1 と 1/3 ◎はちみつ大さじ 1 と 1/2◎塩　小さじ 1/2 〜

手順 |

①豚肉をヨーグルトで一晩マリネしておく。②フライパンにサラダ油と A. を入れて中火にかけ、ベイリーフが茶色く色づくまで 50 〜 60 秒炒め、玉ねぎを加えてきつね色になるまで炒める。③ニンニク / 生姜を加えて 10 秒炒め、トマト缶を加えて 60 秒炒める。④ B. を加えて 30 秒炒め、①の豚肉とれんこんを加えて 90 秒炒める。⑤水と一度沸かした赤ワインを加えて沸かし、火を弱火にして 15 分煮こむ。⑥ C. を加えてよく混ぜて 30 秒煮て完成。

れんこんのアチャール

食べ頃 | 翌日

保存 | 保存容器に入れて冷蔵庫で 10 日程度

材料 |

れんこん　200g 下ごしらえをして 1cm の厚さに切る◎岩塩　小さじ 1 〜◎サラダ油　大さじ 3◎レモン果汁　大さじ 3

A. ◎生姜　みじん切りで大さじ 2◎チリパウダー　大さじ 1◎フェンネルパウダー　小さじ 1

手順 |

①れんこんを沸騰したお湯で 2 分茹で、ざるでお湯を切って自然に冷ます。②フライパンにサラダ油を入れて中火にかけて 50 秒程度熱し、A. を加えて 10 秒炒める。③れんこんを加えて 20 秒炒め、レモン果汁と岩塩を加えよく混ぜて火を止める

付録

食材置き換え表

■チリパウダー→パプリカパウダー

チリパウダーは辛く、パプリカパウダーは辛くないです。本書では一部の料理を除いて全てチリパウダーと表記しています。2つを混ぜると辛さを調整できます。レシピ通りでは中辛より少し辛く、半量をパプリカパウダーで置き換えるとピリ辛程度に落ち着きます。

■クミンパウダー→半分量のガラムマサラ

あると思ったら無かったり、使い切ったことを忘れて買い足し忘れたりしやすいのがクミンパウダーです。そんなときはクミンパウダーをレシピ記載の量の半量のガラムマサラで置き換えましょう！仕上がりの香りはちょっと変わりますが、美味しさは維持されます！

■パンチフォロン→下記文章をお読み下さい！

ブラウンマスタードシード、クミンシード、フェヌグリークシード、フェンネルシードなどの5～6種類のホールスパイスをあらかじめ混ぜておく東インドのミックススパイスです。少しマニアックなスパイスなので、ない場合は上記4種類の中で持っているものだけでもひとつまみずつ入れると良いです。クミンシード、フェヌグリークシード、フェンネルシードの3種類を同量で混ぜておく簡易

版もオススメです！

■白ワインビネガー⇔レモン果汁⇔すし酢⇔穀物酢

アチャールには保存を効かせる意味でも酸味が必要なので、何かしらの酸味を持つものが使用されます。レシピによってそれぞれ指定はしていますが、なければ相互に代用ができますし、2種類以上を混ぜて使うこともできます。

■マスタードオイル→サラダ油

マスタードオイルはインドやネパール、バングラデシュで広く使われるツンとする香りが特徴の油です。日本では馴染みがないので、苦手な場合は無理に使う必要はありません。また好みによってはサラダ油ではなくオリーブオイルで代用してみてもいいでしょう。

■バター⇔ギー⇔サラダ油

ギーは南アジアで広く用いられる澄ましバターの一種です。ギーがもしあればバターよりもギーがオススメですが、どちらもなかったり、そもそもどちらも苦手であったり摂取を控えたい場合はサラダ油で代用しましょう。

■山椒粉⇔花椒粉⇔ティムルパウダー

レシピでは山椒粉としていますが、お好みでどれを使っても大丈夫です。山椒は日本、花椒は中国、ティムルはネパールがそれぞれ産地で、どれも香りが微妙に異なります。これを機会に色々使って違いを楽しむのもいいですね！

Q&A

Q1. スパイスが一つや二つ足りないときはどうしたら良いでしょうか？

A. 本書のレシピではカレー、アチャールともにターメリックが、アチャールにはお酢やレモン果汁などの何かしらの酸味と油が必須ですが、例えばクミンパウダーや山椒粉がなかったり、カルダモンがなかったりするのは大丈夫です！とりあえず作ってみましょう！食材の代用については前のページをご覧ください！

Q2. お米は日本米でも大丈夫ですか？

A. お好きなお米で食べるのが良いと思います。特に本書ではインドのカレーばかり取り扱っているわけでもないので、中華風のカレーにはタイ米！インド系のカレーにはむしろ日本米！みたいにタイプによって好みのお米を探してみても楽しいです。

Q3. 作ったカレーとアチャールは冷凍できますか？

A. カレーは冷凍できますが、野菜の種類によっては一度冷凍すると食感が変わってしまいます。これを防ぐにはカレーを野菜抜きで作り、食べる前に別で下ごしらえした野菜をカレーに加えて煮合わせると良いです。アチャールに関しては、冷凍できません。元々保存食で日持ちはある程度するので、焦らずゆっくり楽しんでいただけたらと思います。

Q4. 本書で●日程度保存が効くと書いているのは、賞味期限の意味ですか？

A. レシピ本でお伝えできるのはあくまでも目安です。本書は十分に新鮮な食材を、清潔に管理された場所で調理し、その後必要以上の時間常温放置されずに冷蔵庫に入れた場合を想定しています。調理時の状況や使用する食材の状態、調理後の保存の仕方によって、それよりも早く傷む可能性があるということを念頭に置いていただいた上で、食べる前にはカビが生えていないか、異臭がしないか等を必ずチェックしてから食べるようにして下さい。

Q5. インドカレーのレシピ本では、シナモンといいつつカシアという別のものが使われているのをよく見ます。この本ではシナモンというとカシアでしょうか？シナモンでしょうか？

A. 結論から言うとどちらでも大丈夫です。お好きな方を使って下さい。ただ本書はインドやその周辺国のレシピをベースにしたカレーのレシピが比較的多いので、カシアを使えば現地っぽくはなります。ただ現地に拘る必要はありませんので、気分で使い分けてみても良いかもしれませんね。

スパイス炒め具合写真集

本書ではホールスパイスを油で炒める工程が頻繁に登場します。これはテンパリングというインドカレー作りのテクニックで、流石に文章での説明では正確なイメージを伝えられないので、代表的な3種類のスパイスの炒め具合を写真付きで解説します。

■フェヌグリークシードを黒く炒める

意外に黒くてびっくりするかもしれませんが、これでも焦げているわけではありませんので大丈夫です。2枚目の写真くらいの炒め具合で止める人もいますが、3枚目の写真くらいまで炒めると、フェヌグリークシードの甘い香りがしっかりと油に移り、元々ある独特な苦味が消えます。見た目に反していますが、2枚目の写真ではほろ苦さがあるので、むしろそれを楽しみたいと考えればテンパリングをそこで止めてしまうというのもありです。

■鷹の爪

こちらも思ったよりしっかり黒くてびっくりするかもしれませんが、ここまで黒くしてもたかのつめは苦くなりません。むしろ香りは香ばしくなり、料理の味をしっかりと引き立ててくれます。しっかり炒めると辛くなりそうではありますが、唐辛子の辛味は種に多くありますので、さやごと数本炒めるだけではあまり気になりません。不安な方は唐辛子をちょっと切って、種を捨てておくと良いでしょう。

■ベイリーフ

カルダモンやクローブ、シナモンと一緒に油で炒めて使うことが多いです。これらの中でベイリーフは、目で見たときの色の変化が分かりやすいので、ベイリーフの色味で全てのホールスパイスの炒まり具合を見れます。ベイリーフが2枚目の写真、もしくはもう少し濃い色になるとテンパリング完了です。

▽フェヌグリークシード

▽鷹の爪

 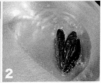

▽ベイリーフ

マトンのページ

　マトン好きの皆さま、もしかして目次をご覧になられてマトンのレシピがないことにがっかりされたりしましたでしょうか？ご安心下さい！本書記載のレシピはちょっとアレンジすれば、あのレシピもこのレシピもマトンカリ〜になります。マトン好きの皆さまはこのページもどんどんご活用下さい！

■中華風枝豆チキンキーマカリ〜 / きくらげと豆腐の中華風カリ〜

材料|

それぞれの挽き肉を量はそのままでマトンキーマに置き換えます！

手順|

作る手順はそのままで大丈夫です。食べる前に手作りラー油を垂らし、ネギやパクチーをトッピングするのが超オススメの食べ方です！ライスだけでなく、うどんとの相性も抜群です。

■オクラとチキンのトマトカリ〜

材料|

鶏もも肉 400g →マトン 骨なし 300g/ 骨付き 400g ◎水　250cc →水　400cc

手順|

手順④で加えた水が沸いたら、フタをして弱火にして 60 分煮込みます。煮込み時にカルダモン 3 粒とクローブ 3 粒、シナモン 3cm × 1 本、あればさらにブラックカルダモン 1 粒を加えると香りが増して美味しくなります！

■ゴーヤーキーマカリ〜

材料|

鶏挽き肉→同量のマトンキーマ◎ゴーヤー→同量の万願寺とうがらし　1cm 幅でブツ切り◎ A. にベイリーフ 1 枚、カルダモン 3 粒、クローブ 3 粒、シナモン 3cm × 1 本を追加 (ホールスパイスですがパウダースパイスと一緒に入れます!)

手順|

手順は変更無しです！万願寺とうがらしの代わりに辛さ控えめの韓国唐辛子 (緑) や甘長唐辛子で作っても美味しいです。

■イカと里芋のココナッツカリ〜

材料|

イカ→マトン 骨なし 200g/ 骨付き 250g (マトンはあらかじめ被るくらいの水でフタをして弱火で 60 分茹でて、茹で汁から引き揚げておきます。ちなみに圧力鍋があると 10 分くらいで炊けます) ◎カレーリーフ必須でお願いします！

手順|

イカを加えるタイミングで、茹でたマトンを加えます。ちなみにマトンの茹で汁は沸かして、酒少々と生姜、ネギ、塩、

白胡椒で味付けするとスープになります。好みの具材を入れたり、ラーメンやそうめんとの相性も最高です。濃いと感じる方は水で薄めても大丈夫です。脂が苦手な方は一度冷蔵庫で冷ますと脂が白く固まるので、それを取り除けばあっさりになります。手作りラー油やパクチーとの相性も最高ですよ！

■骨付きビーフ＆ポテトカリ～

材料｜

骨付きビーフ→同量の骨付きマトン
材料欄記載のヨーグルトで骨付きマトンを一晩マリネしておく。

手順｜

手順③では骨付きマトンとマリネしたヨーグルトを一緒に加えます！
煮込み時間を50分から60分に。マトンはビーフよりも煮えづらいんです。

■バーベキューチキンの炒めカリ～

焼肉用のラム肉が手に入ったらオススメのレシピです！

材料｜

鶏もも肉を同量の焼肉用ラム肉に置き換えるだけです！

手順｜

出来上がったら刻みパクチーと、お好みで生のミントの葉を少量トッピングします！チャパティやトルティーヤに巻いて食べると最高です！

■マトンアチャ～リ～!!

ここまでずっとカリ～のアレンジレシピできましたね。というわけで最後はアチャールのアレンジレシピで飾ります！アレンジ元のレシピはれんこんアチャールです。アチャーリーとはアチャール風のカレーということです！

材料｜

れんこん→骨なしマトン　200g　5cm
角切り（マトンは予め被るくらいの水でフタをして弱火で60分、もしくは圧力鍋で圧力がかかり始めてから弱めの中火で10分茹でて、茹で汁から引き揚げておきます。）◎ A. にヒング　小さじ1/6
とホワイトペッパーパウダー　小さじ
1/6を追加します。

手順｜

手順はそのままで大丈夫です。岩塩はインドのセンダ・ナマクが手に入れば最高です。食べ頃ですが、出来上がったら一度自然に冷まし、食べる前に再度温めます。保存するときは、自然に冷めたところを保存容器に入れて冷蔵庫で1週間程度保存ができます。食べるときは温め直して食べましょう！

マトンだからといってそんなに気張る必要は、実はありません！ちょっとしたアレンジでマトンカリ～化できるんです。これでコツを掴んだら自分なりのアレンジにも挑戦してみて下さい！

食材と相思相愛の関係

たまに「好きなスパイスは何ですか？」と聞かれる事がある。

以前はかっこつけて「カルダモン」とか「クローブ」とか言っていたけど、最近は「ターメリック」「レッドチリ」「ブラックペッパー」に落ち着いた。

これら3つのスパイスはとても万能で、誰とでも仲良くできる感じだったり、いざというときはしっかりと自分の存在を示す香ばしい香りを放ったり、気付いたら全体をまとめて締めるところをきちんと締めてくれる感じだったりがとても好き。

例えば、ほうれん草や小松菜の炒め物に少量のターメリックを入れるだけで劇的に旨味が増し、青菜のほろ苦さや青臭さが急に気にならなくなる。

最初に油でたかのつめを炒めると辛味ではなくむしろ甘く香ばしい香りが広がって、あとから加えるほうれん草や小松菜が香ばしく炒まった香りと相まって、思いがけない能力を発揮したりする。何か味が絞まらないな〜と思ったらブラックペッパーを少量足してみると、味がビシッと決まる。

しかし、実際の調理には他にもたくさんのスパイスが登場する。クミンはクセのある肉料理に合わせると、独特の香ばしい香りで肉のクセを旨味に変換する。

フェンネルはスーッとしたミントの様な香りで魚介類の臭みを抑え爽やかに仕上がる。

豚肉や醤油と相思相愛のスターアニスは独特の甘くオリエンタルな香りで料理の臭みを取り、煮込んでいると、それを嗅いだ人の食欲をそそるような芳しい香りを空間中にばらまいてしまう。

そしてさらに、実はカレーには乾燥スパイス以外にもフレッシュ（生）スパイスが頻繁に登場する。

加熱する事で青臭さが香味に変わるグリーンチリは肉にも野菜にも合い、すべての料理の美味しさを無条件に底上げしてくれる。

フレッシュパクチーはご存知の通り独特の香りだが、茎や根を油で炒めてカレーにすると、甘い香りと深みのある仕上がりをアシストする、まさに縁の下の力持ちである。

レモングラス、バイマックル、パンダンリーフは酸味のあるフレッシュな香りで、ハーバルな東南アジア料理には欠かせないスパイスだ。

この食材とこのスパイスは相性がいい！そんな出会いを演出して最高の味に仕上げる（相思相愛にする）そんなお似合いな二人を引き合わせる「お見合いおじさん」みたいな事が楽しくて仕方がない。

香りの話

　世の中には「カレー味」という言葉があるけど、カレー味って何 ?? ってよく思う。何とかスナックカレー味、何とかラーメンカレー味…確かに食べるとどれもカレーを感じるけど、しかしカレーではない。

　そもそもカレー味なんてものはない、と私は思う。あるのは一つ一つのスパイスの味と香り。しかしカレーも味付けに用いるものは最終的に塩である。究極のことを言うと、スパイスにも味はなく、味は塩の味以外していないのかもしれない。

　カレーの要素は大まかに言って①具材②スパイス③塩、の３つ。具材は旨味を生み、スパイスで香り付けをし、塩で味を整える。だからスパイスの入ったものをカレーと呼ぶなら、「カレー味」ではなく「カレー風味」なのかな。いや、でもスナック菓子には塩も振られているはずなので、やっぱり「カレー味」なのか。いやいや、その場合はむしろもうちょっと柔らかく「カレーの味」なんて言ったほうが適切なのかもしれない。

　脱線した話から始まったけど、話を本筋に戻す。私はそれぞれのスパイスの香りを覚えておく事で食材の旨味をグッと引き出せるんじゃないか、そう考えている。そう、そういう話がしたかったのだ。

　スパイスカレーを作るときによく使われるスパイスには「コリアンダー、クミン、ターメリック」がある。スーッとした爽やかな香りのコリアンダー、最もカレーを連想させる香りを持つクミン、加熱する事で甘く香ばしい香りに変身するターメリック。これがカレーにする食材の持つ香りとうまくミックスされる事で、食欲をそそるカレーの香りになるって事なのだろう。

　他にも刺激的だけどその奥にある甘く香ばしい香りが魅力的なチリ。品のいいスッと爽やかな香りのカルダモン。漢方薬を連想する薬っぽいクセのあるクローブ。甘い香りのカシア。香ばしい香りのマスタード。奥深い風味のブラックペッパー。

　頭の中の引出しを開けて、スパイスの香りを眼の前の食材に重ねていくイメージ。実はそれがカリ～ビトのカリ～作りだったりする。

【夏のハーブと秋の果物】

ガパオ風キーマカリ〜

夏にたくさん採れるハーブを大量消費します！旨辛で食欲も増しますよ！

材料 |

鶏挽き肉 (細切れでも良いです)400g ◎サラダ油　大さじ 1 〜 1/2 ◎鷹の爪 3 本

A. 玉ねぎ　100g　みじん切り◎ニンニク　5 粒　みじん切り◎グリーンチリ 1 〜 3 本　小口切り◎ピーマン (赤もしくは緑)　2 個　1cm 角切り

B. ターメリック　小さじ 1/2 ◎チリパウダー　小さじ 1/2 ◎コリアンダーパウダー　小さじ 2/3

C. オイスターソース　大さじ 1/2 ◎ナンプラー　小さじ 1 ◎塩　小さじ 1/3 〜 (味を整える程度)◎砂糖　小さじ 1/2 ◎ホワイトペッパーパウダー　2 振り

D. バジル (ホーリーバジルもしくはイタリアンバジル)　葉だけ詰んでおく。葉が大きい場合は適当なサイズに軽く刻んでおいてもいいです。　1 〜 3 掴み◎バイマックルー　3 枚 (あれば) ◎カスリメティ 大さじ 1 ◎プチトマト 5 粒 四割り

手順 |

①フライパンにサラダ油と鷹の爪を入れて中火にかけ、鷹の爪が黒くなるまで熱する。② A. を加えて 60 秒炒め、鶏挽き肉を加えて完全に火が入るまでしっかりと炒める。③ B. を加えて 30 秒炒め、C. を加えてさらに 20 秒炒める。④ D. を加えて全体をしっかり混ぜながら 30 秒炒めて完成。

＊目玉焼きのトッピングがおすすめです!＊ライスではなく茹でたライスヌードルにかけて食べても美味しいです

▷ガパオ風キーマカリ〜

▷柿のアチャール

▷金柑のアチャール

秋の果物アチャール（柿・金柑）

野菜にはないフルーティさがクセになる、秋の果物を使ったアチャールです！

○柿のアチャール

食べ頃 | 翌日以降

保存 | 保存容器に入れて冷蔵庫で 5 日

材料 |

柿　2 個　皮を剥いて種を取る。3cm 角切り◎ニンニク / 生姜　5g/5g みじん切り◎白ワインビネガー　80cc ◎マスタードオイル　大さじ 1 ◎サラダ油 50cc ◎カスリメティ　大さじ 1/2

A. ブラウンマスタードシード　小さじ 1/2 ◎シナモン　3cm × 1 本◎スターアニス　1 粒◎鷹の爪　2 本

B. ターメリック　小さじ 1/2 ◎パプリカパウダー　大さじ 1/2 ◎チリパウダー 小さじ 1/2 ◎塩　小さじ 1/2 ～

手順 |

①マスタードオイルとサラダ油と A. をフライパンに入れて中火にかけ、鷹の爪が黒くなるまで炒める。②火を弱火にしてニンニクと生姜を加えて 5 秒炒める。③B. を加えて 10 秒炒め、白ワインビネガーを入れて全体を軽く混ぜる。④柿を加えて 10 秒混ぜ、フタをして 3 分蒸らす。⑤フタを外してカスリメティを加え

て全体を軽く混ぜて火を止める。

○金柑のアチャール

食べ頃 | 翌日以降

保存 | 保存容器に入れて冷蔵庫で 5 日

材料 |

金柑　20 個　半割にして種をできるだけ取り除く。◎ニンニク　1 粒　みじん切り◎白ワインビネガー　80cc ◎はちみつ　大さじ 1 ◎生姜　千切りで大さじ 1 と 1/3 ◎サラダ油　75cc ◎鷹の爪　2 本◎ブラウンマスタードシード　小さじ 1/2

A. ターメリック　小さじ 1/4 ◎チリパウダー　小さじ 1/2 ◎パプリカパウダー 小さじ 1 ◎塩　小さじ 2/3 ～

手順 |

①フライパンにサラダ油と鷹の爪、ブラウンマスタードシードを入れて中火にかけ、鷹の爪が黒く色づくまで炒める。②火を弱火にしてニンニクを加えて 10 秒炒め、A. を加えてさらに 10 秒炒める。③白ワインビネガーを加えて沸かし、金柑を加えて 10 秒混ぜる。④生姜を加えてひと混ぜし、フタをして 3 分蒸らす。⑤フタを外してハチミツを加え、全体を軽く混ぜて火を止める。

さいごに

　いかがでしたか?

　カレー屋を始めてから、どこに行っても何を食べてもいつもカレーの事を考えています。

「この野菜、カレーにしたらどぉなる?」

「この料理、スパイスを合わせたらどぉなる?」

「この飲み物、スパイスを合わせるとしたら何が合う?」

　カリ〜ビトのカレーはどこかにレシピが存在するわけではないので、いつも妄想から始まります。でもそのモワ〜っとしたイメージが、少しずつ自分の頭の中で鮮明になっていくのがたまらなく楽しかったりします。そしてそうやって時間をかけて生まれたカレーをひとくち食べたお客さんが、思わず言ってしまった声にならない「うまっ」が聞こえた時にはいつも心の中でガッツポーズをキメています(笑)私はよく無愛想で無口と思われているようですが、営業中は散々心の中でガッツポーズして、そして閉店後には片付けをしながら、カレー屋やっててよかったな〜ってしみじみ思ってにやけたりもしているんですよ。

　ちょっとふざけましたが、いよいよ締め括りなのでかっこいいこと言います。カレーは本当に自由です。食材とスパイス、調理方法をパズルの様に組み合わせて、頭の中で描いたカレーを具現化するんです。しかも一度作っても終わりでなく、何度も作ることで進化していきます。今は SNS や YouTube で比較的容易に情報を得られますよね。まずは作ってみましょう!思ったよりも難しくないことがわかると思います。そしてこの事典が、皆さまの中の引き出しを一つずつ追加していく助けになることを願っています。皆さまもまだ経験したことがない、思わぬ食材とスパイスの組み合わせで味がバシッと決まった時、思わず「よっしゃー!」と感じると思います。私はいつもそうでしたし、なんなら今でも同じです。

　今回は「夏秋編」でしたが、まだまだレシピがありますので(なんといっても8年分…!)「冬春編」の発売も予定しています。そしてこうしている間にもお店では新たなカリ〜が生まれているのです…(笑)是非楽しみに。

　ちなみに四季は春夏、秋冬と区切ったほうが良いのでは?と感じた方も多くいらっしゃると思います。夏や秋の味覚って意外と新物がしれっと初夏に登場することが多いんです。私は新物でアチャール作ったりするのが好きなので、今回はそれも伝えたかったんです。そんなわけで夏と秋を一緒くたにして一冊の本としたのでした。

著者　　安川 知廣

2013 年インドカレーの奥深さを知り独学でカレーを学び、2015 年脱サラして店をオープン。ジャンルにとらわれない日本人に合わせてアレンジしたスパイスカレーを提供する。

企画 / 編集	Layered Little Press
発行元	Layered Little Press
発行元住所	〒 739-0321　広島県広島市安芸区中野 3 丁目 3-11-611
発行者	Tommo Sogane
印刷	有限会社　国宗
写真	安川 知廣
構成 / イラスト	amanico
連絡先	tommo@llittle.press
WEB	https://www.llittle.press

旬菜を楽しむ カリ〜ビトの

カリ〜&
アチャール辞典
夏・秋 版

2023 年 7 月 5 日　第 1 刷

2023 年 7 月 5 日　電子書籍版発行